改變世界的政治哲學思考

人類偉大思潮30傑

葛瑞姆・杰拉德、詹姆斯・伯納・默菲
Graeme Garrard　James Bernard Murphy

陳映廷 譯

HOW TO THINK POLITICALLY

Sages, Scholars and Statemen Whose Ideas Have Shaped the World

目錄

中古時期
Medievals

近代
Modern

近代 Modern

當代
Contemporaries

推薦序

權力與正義的交叉點

國立臺灣大學哲學系教授　苑舉正

本書非常特別，原因有三：

首先，這本書毫不諱言地承認，政治現實是大家所討厭的，而政治理想是大家認為不可能實現的。

其次，這本書在前言以及結論中都充分的表明，政治本身是理想與現實的矛盾體，它所展現出來的過程是我們對於政治有愛有恨的理由，但很有趣的是，所有的時代，所有的思想，所有的人物，都受到政治的決定。

最後，本書所選用的政治哲學家內容包含非常多，連我們一般想像不到的人都列在政治哲學家之中，足以證明這本書是完全接地氣，強調政治現實，以及這些現實對於政治理想的挑戰。

政治不單是理想之善，也是必要的惡。在這個理解當中，我很期待能夠把本書的內容當我們在大學上課的通識教育一樣，成為大家都能夠認知的基本生活原則。

大家對於政治的厭惡，來自政治現實與政治理想的差別。政治理想極其崇高，幾乎就是把個人的倫理道德推展到全國人的教化，而政治的現實卻是極其污穢骯髒，兇險殘酷，無所不用其極。大家面對這種表裡不一致的事情，根本就懷疑政治有沒有任何學問可言。

這本書從歷史的縱向說明這個懷疑，但本書也同時告訴我們：事出必有因，從時間序列看待政治哲學的發展，讓我們知道，所有政治理想與政治現實的出現，都是有原因的。這並不是在於說人天性的好壞，而是說，人在政治的領域中，想要透過公共權力，宣揚理想，但在實現理想中，極有可能發生政治現實中那些令人憎恨的手段。

因此，政治就是介於權力與正義之間的交叉點。這個定義很有意思，因為政治的手段是權力，而政治的目的是正義，前者是現實，後者是理想。問題是，這兩個狀似矛盾的概念相輔相成。沒有理想，沒有辦法取得政權，不顧現實，很難落實理想。所以，在這個矛盾的表面下，政治在歷史中，不斷蛻變，一直在回應時代的挑戰中，逐步成長，企圖兼顧權力與正義。

本書最精彩之處就是全面。它碰觸所有的政治議題，提出獨到的看法，不以人廢言，不以日常看法為限，只要對我們當代社會有影響力的思想，盡量收錄在本書之中，即使表面上看起來不是與政治直接相干。我可以保證，這三十位思想家絕對是理解政治哲學的最佳人選。

臺灣太需要一本通盤理解政治，又平易近人的書。在理解政治的過程中，大家要不斷的提醒自己，「人是政治的動物」；無論如何，我們必須面對政治的理想與現實。政治是我們必須面對的議題，與其說討厭它，不如擁抱它。

我很高興這本書的出版，並向國人鄭重推薦本書！

前言

政治：到底能不能搞好

現在大家常將政治比作泥沼。對很多人而言，政治不過是庸俗的場景，充滿欺騙、野心，趁機巧取豪奪。一般人對政治制度和政治人物的信任度沒有最低，只有更低，現代的民眾比前幾個世代更加鄙視政治人物，選民憤怒與覺醒的程度也急速成長。政壇不成體統的紛爭是如此惱人，使得選民面對政治現狀的時候，態度往往是摒棄的、疏離的，最後只能任由市場與官僚替自己做出決定。因此實在難以想像，究竟有沒有好的想法，甚至是好的理想，能帶來改變。

然而，政治的本質就是亂糟糟的。政客們嘴上說一套偉大理想原則，但現實中妥協折衷才是規則。一般來說，政治遊戲非常難玩，玩起來非常難看，基本上就是權力遊戲，主導玩家的是利益衝突、情緒、財富與權力，經常是骯髒又黑暗的，正如十九世紀英國政治家、首相羅斯伯里伯爵（Lord Rosebery）所言，政治是在充滿「邪惡氣味的泥濘中打滾」。政治權謀太過可恥，所以大多在黑箱中進行，因此才有句話說，沒有正派的人願意看到香腸和法律的產製過程。

這是政治給人的既定印象，但這只呈現了部分的樣貌，不是全部的事實。或許政治比起其他領域，更能映照出人類最壞以及最好的樣貌。醜惡的那一面，我們已經太熟悉了，但本書提醒了讀者政治也有美好的一面——儘管這美好的一面，在今日的世界裡並不明顯，可是在必要的時刻依舊會彰顯出來。接下來我們將讓大家看到，政治是「思想和理想」與「冰冷的現實」交會之地，也是「崇高言行」碰到「基本欲求及卑劣詭計」之處。

當政治是「偉大又文明的人類活動」之時，就是它最好的一面，政治理論家伯納德・克里克（Bernard Crick）就是如此替政治這門藝術辯解的。政治可以取代用暴力或騙術操控人的方法，而且政治也曾用來達成良善的、謹慎選擇過的目標，這樣的範例在歷史中隨處可見（在這點上，克里克倒是說對了）。接下來的篇章中你會看到，政治可以展現具有道德意識的高貴情操，也可以是充滿知識智慧的思想，這和當代的實境秀政治、社交平台政府運作完全不同。政治能決定地球的命運，因此，身為公民，我們有責任參與政治。套句列昂・托洛斯基（Leon Trotsky）的話說：「你可以不關心政治，但政治會關心你。」

我們總認為人民應有知的權利，但人民同時也需要知識，或者是智慧。我們處在資訊過剩的年代，但「知識」和「智慧」依舊稀少如昔。拜數位科技之賜，我們現在漂浮在數據、事實與意見的資訊汪洋之上。可是我們需要的不是更多的資訊，而是更多的洞見；不是更多的數據，而是更多的觀點；不是更多的意見，而是更多的智慧。畢竟許多資訊其實並不正確，許多意見也缺乏知識，更別說是智慧了。隨便看一眼當代政治就知道，資訊爆炸並沒有使人民與政治人物更有智慧，也沒有提升公眾論述的品質。若有人覺得一般人都變得更聰明了，論述也變得更優質了，那就是錯誤的資訊掩蓋了真實的知識。

閱讀本書，**將會協助你看到政治資訊背後的意涵，獲得知識，養成智慧。**資訊和事實有關，而且十分明確；知識比較廣泛，內含理解與分析；智慧則是洞察事理最高深的形式。我們邀請各位讀者一窺歷史上政治學者的聰穎對話。在這三十篇短短的章節裡，你會看到多元有趣的角色輪番登場，從中國周遊列國的聖人孔子，到愛好登山的現代生態學家阿恩・奈斯；從穆斯林伊瑪目領袖阿爾・法拉比，到德籍猶太裔的流亡知識分子漢娜・鄂蘭；從希臘哲學家伯拉圖，到美國教授約翰・羅爾斯。

我們將各個思想家的人生和時代交織在這本書裡，討論他們流傳遠播的重要政治思想。這些思想家試著萃取當時的政治資訊，提煉為實在的知識，將知識轉化為普世的智慧，然後告訴大家，作為個人或群體如何活得更好。我們從亞洲、非洲、歐洲和美洲選擇了三十位歷史上最有智慧、最有影響力的政治思想家。每章的結尾處，我們會透過這些哲人的智慧言論，反思當今的政治挑戰。

其實，想要瞭解這些思想家的生平和思想，只要簡單 Google 一下就能找到大量資訊。當然，從基本的事實和概念入門是可以的，但我們想要的不止於此，**我們將挖掘得更深、更廣，彙整種種資訊，書寫出連貫又扣人心弦的政治論述**。我們兩位作者擁有五十年的研究與教學經驗，將各種歷史資料與哲學思想匯聚在一起，集結成此一書冊。我們不打算用更多事實資訊淹沒讀者，主要是想介紹歷史上偉大的政治思想和見解，激發大家的興趣與想像。

政治處理的，從來就不只是利益衝突而已，「理念」在與眾人相關之事當中，也扮演著關鍵角色，雖然理念並非單純以實用為導向。最好的例子就是美國建國——這不但是一場武裝力量的鬥爭，更是一場關於理念的戰爭。而法國大革命與俄國十月革命也是如此。近來西方興起了民粹主義，反對全球化、伊斯蘭文化以及外來移民，這些認同與價值的衝突，絕對不亞於權力與利益的傾軋。由此可見，所有存在過的政治體系都曾經以某種形式展開思想與概念的辯論。思想與現實的交會點通常也可以看見合作與衝突、理想主義與犬儒主義、希望與絕望同時出現，也就是在這種地方，哲學的光芒照亮了政治。若沒有這些閃閃靈光，政治不過是一片黑漆漆的平原，只會是愚昧無知與武裝衝突的黑夜。

權力是最常與政治連結的概念了。如果沒有權力的爭取、搶奪與行使，政治會是什麼樣子呢？沒錯，家庭、教堂與工作場所都是行使權力的地方，但政府和政治握有更大更多的權力，政府本身的定義就是合法行使強制權的獨占機構。

如果人類天生就能夠在共同的事務上取得共識，那就不需要動用權力，也不需要政治了。只是人類更傾向彼此唱反調，所以才需要賦予某些人權力。別的先不提，我們需要這些人來決定為了什麼事需要發動戰爭，需要課徵什麼稅。強權政治不僅無可避免，還特別骯髒殘酷，這是一種零和遊戲，一人、一黨或一國得到權力，就代表另一方失去權力。理論上，經濟活動可以讓所有人都變得更加富裕，但政治可不是人人都能稱王的，永遠都有贏家與輸家。

如果政治是爭奪權力，那人和動物之異何在？動物的世界裡隨處可見競逐權力、支配與服從。難道政治競賽就只是對頭互撞的比賽儀式嗎？難道政治人物就像裸猿，宣示著自己的統治地位嗎？確實，有些政治哲學家會將人類的政治活動比擬為動物的權力爭奪。古希臘哲人亞里斯多德認為，**人類的政治活動之所以獨特，是因為我們不只爭奪權力，也爭取正義。**其他物種雖能表達喜樂與痛苦，但只有人類的語言能分別善與惡、對與錯、正義與不公。

若想看看政治裡的權力和正義有多重要，可以比較「有權無法」的政府與「有法無權」的政府。二次大戰時，納粹德國在許多歐洲的戰敗國中扶持成立傀儡政府，這些傀儡政府擁有控制領土的權力，但缺乏法理與正義；同時，許多具法理但領土被侵占的政府紛紛逃往倫敦。然而，這兩種型態的政府都有致命的缺點，那就是「有權力無正義」的政府往往和自己的公民是對立的，而「有正義無權力」的政府則無法維護人民的權益。有誰會想要自己的政府只有權力或只有正義的？我們都希望權力能依法行使，並由正義監管權力。

由此可知，**政治是權力與正義的交叉點：有正當性、公義的權力，有權又有能的正義**。正義有力量，力量合情理，這才是政治，而政治活動就是試圖賦權正義。若正義不能施行，又有什麼價值呢？不向正義看齊的權力又有什麼價值呢？前者只是幻想，後者只是暴行。藉由告訴我們孰對孰錯，正義提供了法律「引導的力量」；藉由懲罰以確保守法，權力提供了法律「強制的力量」。如果人類本性只有善良，那法律只需要告訴我們正確與正義即可，但面對人類本性裡的自私與不從，司法正義也有賴強制懲罰來貫徹。

天真的理想主義者相信政治只關乎正義，天真的犬儒信徒相信政治只涉及權力。這本書介紹的偉大政治思想家可不像上述兩者那樣天真，他們都將政治視為正義與權力的交叉口，只不過他們對於正義和權力的定義看法不同，所以對於交會方式也抱持不同的想法。奧古斯丁、馬基維利、霍布斯、尼采和毛澤東強調政治裡的權力——奧古斯丁將政府與組織型犯罪相提並論，毛澤東則認為槍杆子出政權。其他思想家，像是柏拉圖、阿奎那、洛克、盧梭、潘恩、康德、彌爾、羅爾斯與努斯鮑姆則強調政治裡的正義——柏拉圖認為僅有哲人治國時才能伸張正義，努斯鮑姆則強調人民有能力自治時才會產生正義。

追求正義使政治顯得高尚，爭奪權力使政沾染髒汙。十九世紀偉大的歷史學家阿克頓男爵（Lord Acton）的名言即是「權力使人腐化，絕對的權力使人絕對的腐化」，這裡是針對教皇的評論，即使是品格高尚的人也可能因權力而腐化。我們對權力中的道德腐敗並不陌生，羅馬皇帝的極端墮落、納粹與共產獨裁政權的血腥恐怖都可見一斑。然而，無權也可能招致腐化，若盼望正義能免於權力的缺點，就容易形成烏托邦式的管理，無法擔責又十分危險。在大革命爆發前，法國和俄國的政治思想家可說是毫無權力，結果他們抱著雄心壯志，想出了消除婚姻、消除社會階級、宗教信仰、財產、金錢與曆法等等制度。唯有清楚看見正義的條件與權力的條件，這樣才能擁有健全的政治思考。只要人民持續要求「權力的行使必須合理」，要求「權力必須正當且有辦法可以節制」，我們就需要政治哲人來幫助大家瞭解正義需要的是什麼。

偉大的政治思想家是如何連結政治與日常生活的呢？就像我們會在本書當中看到的，有些思想家是純理論家，沒有機會去實踐權力，如：阿爾．法拉比、吳爾史東克拉芙特、康德、黑格爾、尼采、鄂蘭、海耶克以及羅爾斯，以參與政治而言，他們不是太激進，就是太學究。有一些思想家自己投身政治：馬基維利和休謨是外交官，伯克、托克維爾和彌爾擔任議員，麥迪遜和毛澤東則是現代國家的開國元老兼領導人。不過，大多的政治哲人則是偏向顧問的角色，希望能影響當時的政治領袖，譬如孔子周遊列國希望與各地君主分享聖賢建言，卻遭忽視與放逐；柏拉圖冒著生命的危險前往西西里島，希望能感化當地的暴君，卻無功而返；亞里斯多德曾向他的學生亞歷山大帝進言，但對方視若無睹；湯瑪斯・潘恩鼓舞眾人覺醒抬頭，推動過不止一次，而是兩次重要的革命。換句話說，多數的政治哲人都曾試圖影響當時治理國家的人，但重要的是，本書所選三十位思想家的作為遠多於此。他們透過著作引領政治議題，激發出政治問題，也提供政治思想，遠遠超越他們所處的時代。從他們身上可以學到很多很多，我們能做的就是傾聽。

有人說，歷史永遠不會重演，但常常會押韻，類似的潮流會不斷出現。如果這本書是在一百年前寫的，可能就會少了幾位重要的思想家，如：孔子、阿爾・法拉比、邁蒙尼德。二十世紀初期，歷史似乎遺忘孔子的儒家思想，以及伊斯蘭和猶太的政治思想。但令人驚艷的是，近來我們見證了孔子學說在後毛澤東時代的中國再次興盛，伊斯蘭政治理論在全球爆炸成長，中東也建立了猶太國家。在今天，沒有什麼比這些曾經被遺忘的思想家更有意義了，如同威廉・福克納（William Faulkner）提醒的：「過去不會消亡，也不會真的過去。」至於未來，我們稍稍脫離時間軸，選擇阿恩・奈斯作為本書的壓軸人物，他對於人類與自然關係的反思只會隨著時間的推演越形重要。

在人類史上，「政治不是單純藉由武力，而是用辯論來作為管理人類社會的方法」這個現象還算年輕，未來這種方法也可能消失。現在，消費者取代了公民，官僚取代了政治家，未來人類社會的統治者很可能是市場與監管機構的綜合體。從許多方面來說，比起混亂有爭議又充滿不確定性的政府，由技術官僚管理市場經濟會更有秩序、更有效率，消費者會更開心，政府也更會依照規矩走。不過，若想知道在這樣的世界裡我們會失去什麼，最好還是先翻開書頁，開始閱讀。

古代

ANCIENTS

01 聖賢
孔子 551 ～ 479 BC

02 劇作家
柏拉圖 c. 428 ～ c. 347

03 生物學家
亞里斯多德 384 ～ 322

04 現實主義者
奧古斯丁 AD 354 ～ 430

01

聖賢
孔子
551～479 BC

中國是世界上存在最悠久的文明。在封建時代，暗殺、背叛、叛亂、戰爭與酷刑屢見不鮮。從西元前七七一年到西元前五世紀中的春秋時期，數以百計的小諸侯國逐漸被野心勃勃的統治者整併為大諸侯國。正如兩千年之後文藝復興時期的義大利一樣，中國在這個期間的政治衝突不斷，但也催生了偉大的文化與知識。

在政治動盪之際，孔子處在不斷交戰的各國之間，殷切希望列國諸侯能聽取他的建言，為社會注入秩序、正義與和諧。儘管孔子確實說動了幾位王侯，特別是在他的家鄉魯國，但終其一生推行仁政的結果卻是遭迫害被放逐，最終只能周遊列國。這點很像十九世紀歐洲的卡爾．馬克思，一生貧困，遭遇流放，生平幾乎不受世人認可。孔子在七十三歲時，得意門生前來拜訪疲憊衰老的他，希望能聆聽教誨，但這位老師卻只能發出一聲長嘆。

被尊稱為「至聖先師」的孔子，生平的年代距今已有二十五個世紀。如同歷史上許多影響深遠的老師一樣，孔子、耶穌與蘇格拉底都沒有留下親筆著作，我們對這些老師的瞭解往往是經由學生和敵人的轉述，而且通常都會晚個幾世紀。因此，我們對於孔子的教學本質無法知道得太精確，充滿了不確定之處。同樣地，像耶穌和蘇格拉底一樣，孔子生前遭受迫害，困頓挫敗，對後世卻影響深遠，成為今日中華文化圈內最有影響力的老師。後世與孔子相關的著作，不僅記錄了他的言論，也記錄了他的行為與生活。如：《論語》（*Analects*）便是學生整理至聖先師言論與思想的彙編。

很明顯地，孔子重視個人美德勝於法規倫理：「道之以政，齊之以刑，民免而無恥；道之以德，齊之以禮，有恥且格。」現代西方倫理與法律的目標，就是希望讓人的行為符合理性道德與法律。雖然孔子也有說過類似上述西方倫理與法律的目標，像是「己所不欲，勿施於人」，但他的思想主要還是圍繞著人的品格，而非行為。孔子的道德，很像蘇格拉底和耶穌的道德，都是在乎「涵養」勝於「行為」。做對的事之前，必須先成為對的人。

儒家思想的挑戰就是要成為某一種人，這種人的脾性、熱情、想法與行為，都懷抱著對天下萬物的善。美德有賴良好的技巧與善意，一位具美德的人勢必會以完美的禮節表達與人為善的性格。這些通往美德的「道」或「途」

需內外兼修，內在的熱情與想法以及外在的禮節同等重要。真正的仁心需要修身，也需要瞭解規範各色人等的社會禮俗。禮教是孔子重要的核心思想，他十分強調生活各層面的禮節，一個人的道德價值取決於對這些規範的遵守程度，也反映出他自身的內在和諧。

我們馬上就會談到柏拉圖與亞里斯多德，他們也有類似的概念，融合美感與道德，亦即「美好的善」。具美德的行為涉及道德善意以及高尚（又稱美好），若僅僅只有善意或善行是不夠的。儒家理想的美德包含美感與道德（如同古希臘的概念），涵蓋生活的所有層面，這兩種理想都強調將全部的良善本質結合為一，在品格良好的個人身上展現出來。

孔子如此形容自己追求道德的過程，這段有名的話也收錄在《論語》中：「吾十有五而志於學，三十而立，四十而不惑，五十而知天命，六十而耳順，七十而從心所欲，不踰矩。」

首先我們看到，這段廣為流傳的話十分重視學習。這裡的學習，很明顯指的不只是對資訊的掌握，儒家的學習是「修心」：讀經典故事、歌賦、書籍與詩詞，直到這些內容深深烙印在一個人的信仰與渴望中。當然，這種學習也牽涉背誦，但目標不是只有記住內容，而是要用生活實踐這些經典。儒家思想不只是政治理論，更是一種生活方式。

第二，這裡的「而立」不是說選擇特定的意識型態，孔子的意思是以端正的禮節，承擔自己位階與地位隨之而來的責任。

第三，「不惑」的境界遠高於堅定信仰，這裡的意思是調和堅定的信念與自身的舉止。若能不惑，亦能不懼不憂，再也不會受精神衝突或內心悔恨所苦，永遠不會出現「二心」。

第四，「知天命」是個很容易誤解的概念。儒家倫理所求者，並非順從於一個神的意旨，更精確的說法是，我們的人生應該遵行天地萬物的秩序。

對孔子而言，人生這場戲必須符合宇宙那場更大的戲，或許也包含了命運和祖先的神聖空間。

第五，「耳順」帶出了道德美感，甚至擴及音樂素養。偉大的詩詞、戲劇以及音樂都體現了和諧的氛圍，而品格高尚之人的神態舉止，正是由這種和諧的氛圍形塑而成，他的情緒與姿態非常「順合」文化的最佳理想，所以舉止可說是一首「流動的詩」。

第六，經過一生努力自我管理與自我養成，有德之人可以隨心所欲，不用害怕會做出任何不得體的事。他自己就是典範，不再需要仿效外在模範。自發或自然的欲望已經和仁慈與禮儀交融在一起。

君子與聖人是儒家道德的二種典範。孔子通常將君子視為人類追求道德的目標，君子學富五車，致力於公共服務。而聖人又比君子更上一層，儘管孔子尊稱遠古時代的君王為「聖王」，可是他表示自己從未親眼見過聖人。

雖然後世尊稱他為「至聖」，但孔子常常否認自己就是聖人。這裡也可以看出，聖人是孔子心中最極致的層次，雖然他認為大部分的人只要以「成為君子」為目標即可。君子是特定文化中的理想，是智識已開的高貴者，而聖人則不屬於社會階層的任何位置。在聖人這個理想的層面，儒家的道德超越了一般社會秩序的既定印象。

稍後會談到的亞里斯多德也有相同的兩種道德標準：對大多數的人而言，理想是成為紳士，也就是成為「擁有偉大靈魂之人」；之後他又推出了更高的普世標準，就是哲人或聖人。如同亞里斯多德，孔子傳達了社會裡部分的傳統理想，同時也創造了新的理想，超越時空限制，堪稱全人類的典範。儘管孔子的理想甚高，他對人類天性卻抱持十分實際的看法，尤其是對於政治領導者。根據孔子的觀察，「吾未見好德如好色者也」。

儒家的政治學和柏拉圖、亞里斯多德的政治學一樣，都是「道德」的分枝，並沒有特別為政治而定的道德，再大的理由也不容許統治者違反倫常。五倫是儒家的傳統，是神聖的關係，各有一套倫理，分別是夫婦、父子、兄弟、朋友、君臣。

除了朋友，其他四種「倫」都有階層關係，需要明確的區分支配與順從的倫常。統治者的義務需鄭重以對，以身作則，帶領百姓，這比律令或政策都還來得重要：「君子之德風，小人之德草。草上之風，必偃。」

孔子個人對於公共事務的理想我們無從得知，但《論語》收錄了一段有名的段落，說明了好的政府需具備三樣東西：「足食，足兵，民信之矣。」若無法俱全時，孔子表示統治者應先「去兵」，顯示食物比國家武力更為重要。但就算是食物，也比不上人民的信任，這才是好政府的真正基石。根據記載，孔子倡導對農民課徵較低的稅，才能確保糧食豐足。儘管古代中國與文藝復興時期義大利的政壇都動盪不安，但孔子著重民生政策，遠離軍務，這和馬基維利形成強烈對比，後面會看到，馬基維利建議君主首先應下功夫去研究戰爭。

中國統治者奉儒術為官方典範，長達兩千年之久，儒家典籍也成為中國公共服務的教育基礎。不僅是政治思想，儒家對於學習與孝道的概念可說孕育了中華文化的底蘊，從這個角度來看，或許西方除了耶穌之外，再也找不到能與孔子相提並論的人物了。

儒家學說在接觸了中國其他的倫理與宗教概念後，產生了轉變，尤其是融合了道教和佛教，形成宋明理學。十九世紀時，中國歷經現代化，許多改革派批評儒家思想過於封建、父權、僵化，而且反科學。二十世紀共產黨領袖毛澤東嚴厲打壓儒家教育與儀式，但他在一九七六年死後，儒學又再度興盛。中國的文化、政治與社會依舊深受流傳千年的儒家影響，儒家思想也深深烙在中國人的心中。

哪裡還有孔子學說的身影呢？或許最具意義的就是由博學之人領導政府的理想，以及孝順的重要。時至今日，中國共產黨統治者能給彼此最高的讚美就是「他從未對長者不敬」。

然而，文化大革命的時候（一九六六——一九七六），儒家的地位在官方眼中跌到谷底，年輕的共產黨幹部對待長者既不敬又殘酷。毛澤東策動文化大革命，動員年輕人剷除年長者保守的退步想法，但文化大革命時期道德極度淪喪，中國共產黨高層發現必須立即恢復中國社會的道德風氣。此外，中國共產黨是澈底的無神論，儒家思想可說是道德教育最佳的選擇，因為不牽涉敬拜上帝或其他神祉，而且還是中國土生土長的學說。

中國至今依舊由「飽讀詩書的監管者」統治，但不再是以研究傳統文學與音樂教育為主，新一代的官員與領導階層現在學習的是經濟或工程。現代中國政府由技術官僚與家長式治理的菁英主導，而不是儒家君子。面對這樣的政府，孔子會說什麼呢？經過一番沈默長考，至聖先師應該會虛弱地笑一笑，然後喟然而嘆。

02

劇作家
柏拉圖
Plato, c. 428 ~ 347 BC

西元前三九九年，蘇格拉底的審判震驚了古希臘的雅典城邦。這位赤足的街頭哲學家以愛問問題出了名，他喜歡用難題詰問雅典領導階級的祭司、將軍、學者、藝術家與律師，看看他們到底清不清楚自己在說什麼。面對聰明到近乎殘酷的蘇格拉底，幾乎沒有人能捍衛自己的信念，往往在言語的交鋒中敗下陣來，變得氣急敗壞或是因羞辱漲紅了臉。大多數的人，尤其是有頭有臉的人，討厭蘇格拉底讓他們看起來像個傻瓜。面對蘇格拉底的這些「教學時刻」，他們採取了人類常用的做法：密謀殺了蘇格拉底。

雖然蘇格拉底又老又窮又奇醜無比，但他吸引了許多年輕有錢又好看的雅典人，這些追隨者樂於看到長輩被這位無所畏懼的哲學家修理。其中一位年輕的追隨者就是柏拉圖，他將蘇格拉底視為道德與知識的典範，但到頭來卻看見這位尊敬的老師、導師與朋友被雅典人處以死罪，他心裡感到極為駭異。

蘇格拉底死後，柏拉圖想緬懷敬重的老師，於是動筆紀錄蘇格拉底的對話。他寫出三十篇篇哲學對話，大多以蘇格拉底為主角。柏拉圖很清楚，寫下蘇格拉底的教誨是件十分冒險的事，畢竟蘇格拉底自己並未留下任何文字。事實上，蘇格拉底宣稱自己一無所知，他向其他人拋出問題，希望能挖掘不知道的知識。蘇格拉底自稱「哲學家」，意思是愛智之人，他不想被認為是「智辯家」——智辯家宣稱知識淵博，教導他人並收取費用。

為什麼蘇格拉底只用對話教學呢？為什麼柏拉圖要用對話集的形式書寫呢？或許蘇格拉底和他的學生柏拉圖一樣，認為書寫會僵化並扼殺思考，於是要將思想像蝴蝶標本那樣真實地呈現在書本裡。在蘇格拉底的討論和柏拉圖的對話中，我們見證的是活潑的思想。對於語言能不能定義真理，蘇格拉底和柏拉圖是抱持懷疑的態度，柏拉圖甚至常常說，真理只能眼看（用心靈之眼），不能口說。歷史記載裡的蘇格拉底諷刺逗趣，對自己的觀點半表露半掩藏。柏拉圖效法他的老師，所以當今的學者難以判斷哪些觀點是出自蘇格拉底，哪些是出自柏拉圖。這本書中，我們直接將柏拉圖記錄蘇格拉底的對話當作柏拉圖的思想。

柏拉圖的哲學思想源自蘇格拉底的對話與柏拉圖的戲劇。柏拉圖描述蘇格拉底的審判以《申辯篇》（Apology）最具紀念意義。審判時，蘇格拉底試圖捍衛自己，認為自己並沒有不敬的意思，也沒有汙染雅典青年的心靈，他說哲學對於個人和城邦都是好的。他說：「未經反思的人生不值得活，」如果不把雅典從偏見與無知中喚醒，這個城邦就無法真正興盛起來。蘇格拉底堅信哲學對他深愛的雅典十分重要，被定罪後，他表示自己應該得到獎賞，而不是懲罰，但陪審團卻直接判他死刑。

柏拉圖的對話集中有幫蘇格拉底辯護的內容，也有對哲學涉入政治可能招致危害的警告。柏拉圖肯定哲學會為個人和城邦帶來真實的良善，因為會引領個人信念和公共政策朝著追求真理的方向行進。他認為讓個人和城邦依循沒有根據的信念行事，等於讓他們在錯覺與無知的黑暗中跌跌撞撞。同時，在描述蘇格拉底命運的段落中，柏拉圖也讓大家看到哲學可能對政治圈帶來的危險。政治，尤其是民主政治，必須建築在共享的信念之上；而這些信念獲得一般人共享，又遠遠比這些信念的真實性來得重要。我們希望人民對民主信念報持懷疑嘲諷的態度嗎？人民應該為禁不起哲學檢視的信念而死嗎？

辯論是政治重要的一環，但民主制度並不等於一個辯論的社會。政治往往需要決斷力，沒有那個時間去搞哲學討論。即使政治與科學相撞互損，柏拉圖依舊捍衛了兩者的尊嚴。

偉大的政治哲學家是否能倖免於他們當代時空的偏見呢？答案是十分肯定的。我們看到孔子和亞里斯多德塑造了聖人的新理想，這些聖人遠高於當時出身尊貴的貴族。柏拉圖在第五本對話集《理想國》（*Republic*）中創造了一個完全公正的烏托邦社會，再也沒有比這個社會更能和他所處的雅典形成強烈對比的了。柏拉圖說明了公正政體必備的三波革新浪潮。第一波浪潮是提供所有人均等的職涯機會，柏拉圖提倡應鼓勵女人成為學者、運動員、軍人或統治者，雖然實際上女人還要過兩千多才能享有這些機會。他很清楚這些前衛的想法會招致嘲弄與譏諷，在對話集也生動地呈現了這一塊。第二波革新浪潮更加驚人，柏拉圖建議禁止城邦的統治者擁有自己的資產，甚至是家庭，如此一來，統治者才能真正為整個城邦好，而不會偏心自己的財富或子女。統治者應像軍人一樣，只能使用公家財產，他們的子女會待在公家的日托中心，由專業的護理師共同養育、照顧。最後一波浪潮最為聳動，柏拉圖宣稱：「除非統治者都變成哲學家或是由哲學家擔任統治者，否則政治永遠都會是邪惡的。」像其他波浪潮一樣，柏拉圖的哲人政治遭到對話集裡其他角色的訕笑。所有人都同意，哲學家駕馭不了像統治這樣實際的領域，古今皆然。不管這三波革新浪潮有多異想天開，甚至是滑稽可笑，柏拉圖都清楚地表明了：唯有如此激進的方法，才能讓哲學免於政治迫害。或許只有在他的《理想國》裡，蘇格拉底才不會被處死。

這部對話集有時名為《理想國》，有時名為《正直之人》（*On the Just Person*），因為主題都圍繞著政治倫理，或是公正城邦與正直之人。柏拉圖堅稱必須先有正直的公民，才有公正的城市，但同樣地，必須先有公正的城市，才有正直的公民。那要如何打破這樣的循環呢？柏拉圖堅持每個人十歲起就必須被逐出理想的城市，這樣才能妥當地涵養年輕孩童的靈魂與肉身。唯一好的公民教育，他認為，就是在公正的城市成長。柏拉圖用長篇大論來指出，基本上公義就是「靈魂的各個部分都充分調和」，若我們的靈魂無法調和自身的欲望與理想，那要如何冀望社群和諧呢？在城市落實心中的正義之前，我們必須先成為那個正義。

柏拉圖很清楚他的理想城市從來沒有存在過，未來也不會出現，但他堅信天堂裡存在著這樣的模式，一位真正正直的人會是天堂般城市裡的公民，也只會是這座城市的公民。或許我們永遠都無法身在真正公正的政治社會，但我們能掌握自己的人生，涵養內在的和諧，以直待人。柏拉圖提供了個人道德良善的願景，指引我們度過無法遠離的政治貪腐。

柏拉圖在後來的對話集《政治家》（*Statesman*）裡發展出了另一種對於

政治理想的論述。《理想國》裡的統治者以智慧治理城市，而非律法。柏拉圖以治療病患比擬治理城市，你希望醫生遵照醫學教科書裡的方式治療我們，還是依照對個別疾病的瞭解因人制宜呢？他認為使用一般的規範處理個別的疾病是差勁的醫療，就像使用一般法律處理特定案件時，往往會導致不公不義。但同時，如果懷疑醫生有問題的話，我們會希望他們能受到一般醫學的守則規範。

《政治家》裡，柏拉圖將心中最理想的政權與「次理想」的政權相比。最理想的政府由賢德的哲學家領導，以智慧領政不受拘束；次理想政權的統治者是否賢德有待商榷，因此必須以法治拘束。柏拉圖認為，與其把目標放在理論中最理想的政權，但實際上卻只能達到次理想的政權，不如直接以次理想的政權為目標，才可免於淪落到最糟的政體。矛盾的是，哲學家統治就像專制君王一樣，都不受法律拘束。雖然次理想的政體或許不會像哲學家領政一樣公正，但至少能夠避免暴政的悲劇。

科學專業在民主政體當中應當扮演什麼角色，這是哲學與政治關係當中最關鍵的部份。在多篇對話集中，柏拉圖都說明了公正、良好的政府必須以現實中紮實的知識為基礎。**到今天我們依舊面臨這樣的挑戰：如何利用科學知識協助公共政策，同時又不犧牲人民主權的理想。**譬如說，美國設有聯邦貿易委員會，由經濟學家擔任委員，處理貿易紛爭。那為什麼不要成立生死委員會，由專業倫理學家擔任委員，決定該如何對待墮胎、安樂死和其他有爭議的死亡形式呢？當今社會由法官和陪審團決定如何解決紛爭，為什麼不要請工程師決定採礦安全的議題，或是請醫生處理醫療疏失的糾紛呢？法官和陪審團一點都不瞭解採礦或是醫療，要我們如何相信他們的判斷呢？當然，柏拉圖也知道就算是專家也可能道德敗壞，於是他建議最終應該以法治約束專家統治。

現在多數的職業都提供女性平等的發展機會，但許多女性因為肩負養兒育女的責任，依舊無法好好享受這些機會。柏拉圖早就預料到了，在談到這個議題時，他認為除非破除傳統家庭的形式，否則女性不可能享有平等的機會。根據柏拉圖的說法，只有當女性從養兒育女的責任中解放出來，才有可能在職場上和男性平起平坐。若柏拉圖知道有試管嬰兒的技術，他一定會欣然接受，因為女性可以卸下懷孕的重擔，也卸下養育的責任。縱使有些論述荒謬敗俗，柏拉圖的思想依舊不斷拓展無限可能的想像空間。

作為一位哲學劇作家，柏拉圖創造了許多角色，搬演令人嘖嘖稱奇的辯論大戰。柏拉圖的論述深深影響了整個西方歷史，也因此西方哲學的傳統可說是「一列系柏拉圖思想的註腳」。

03 生物學家 亞里斯多德

Aristotle, 384 ～ 322 BC

柏拉圖則是蘇格拉底最傑出的學生，而亞里斯多德則是柏拉圖最傑出的學生。亞里斯多德不像他有名的前輩，他並不是土生土長的雅典人，也不是雅典公民，不過他成年後大多時候都住在雅典，而且花了二十年待在柏拉圖創立的「學院」裡修習。亞里斯多德出生在希臘北部馬其頓的斯塔基拉，離開「學院」後，亞里斯多德開始擔任亞歷山大大帝（Alexander the Great）的老師，亞歷山大大帝也是馬其頓同鄉，當時還是個可塑性極高的青少年。接著，亞里斯多德回到雅典創立自己的萊西姆學院，後來年輕的亞歷山大大帝也曾資助過這間學院，在他征服了世界各地之後，帶回了數以千計的動植物供亞里斯多德研究。

亞里斯多德晚年因為他和馬其頓的關係而惹上了麻煩，當時亞歷山大大帝已經過世，帝國也土崩瓦解。亞歷山大大帝的守靈活動掀起了雅典反馬其頓的氛圍，年邁的亞里斯多德成了顯眼脆弱的目標。於是他決定逃離這座城市，回到母親的家鄉尤比亞島，他說：「我不會讓雅典人民再次與哲學為敵，製造罪孽」，很明顯在暗指蘇格拉底遭處決的事件。隨後亞里斯多德很快地就安詳辭世了，成了另一位與雅典民主決裂的哲學家。

亞里斯多德是史上最博學的人，但丁（Dante）稱讚他是「博學人上人」。亞里斯多德留下的三十本研究著作從氣象橫跨心理，再觸及政治。一直到十七世紀以前，這些著作在西方高等教育都占有重要的地位。亞里斯多德貢獻良多，幾乎涵蓋人類所有的知識領域，而且還自創了一些知識領域，如：生物學、形式邏輯與文學評論。接下來我們會談到，中世紀的時候重新發現柏拉圖和亞里斯多德的理念，從而改變了基督教、猶太教與伊斯蘭教。後來哥白尼（Copernicus）、笛卡兒（Descartes）、伽利略（Galileo）、牛頓（Newton）等人的研究催生出現代天文學與物理學，又推翻了推翻亞里斯多德的理論。

拉斐爾（Raphael）十六世紀著名的畫作《雅典學院》（*The School of Athens*）即可見到柏拉圖與亞里斯多德的身影。畫中，柏拉圖向上指著知識真理的天空，亞里斯多德則指向肉眼可見的現實世界。時至今日，柏拉圖依舊是純理論者追求真理的大師，如：形上學者與數學家；亞里斯多德則是事實研究者追求真理的燈塔。柏拉圖鄙視「眾人」的觀點，認為真理往往有違常理；相反地，亞里斯多德通常從一般人的視角切入，再透過提問細細修改。

因此，長期以來，亞里斯多德的哲學被視為「整理常識」的學問。

在眾多政治論點裡面，柏拉圖擁護的是最違反直覺的，也就是哲人政治。政治通常被視為各種相斥想法匯集的場域，柏拉圖相信唯有真正的哲學知識能判斷並解決意見相左的情形。亞里斯多德同意推理思考對政治極其重要，但他特別區分了公民具體務實的論辯以及哲學家抽象理論的辯證。理論辯證旨在回答「我能知道什麼？」相反地，務實論辯則是回答「我該怎麼做？」公民的務實論辯需要理論論證的見解，但務實論辯有賴經驗，不能流於理論論證。政治家就是務實智慧的範例，而哲學家就是理論智慧的化身。亞里斯多德並不期待政治家成為哲學家，也不期待哲學家成為政治家。

亞里斯多德認為道德與政治都是務實的科學，奠基於做決策的經驗之上。確實，對他而言，政治是道德的分支。在他的著作《尼各馬科倫理學》（*Nicomachean Ethics*）中，亞里斯多德說所有的決定和選擇都是希望能達到某些美好，但事實上，有滿多決定並不算是好的決定。所以亞里斯多德解釋說，每項決定都代表了決策者心中認為的好決定，只有心理生病的人才會選擇他們認為邪惡的選項。我們當然常常會犯錯，以為自己做出的是正確的選擇，但其實不是。我們追求各式各樣的良善事物，但客觀而論這些事物是有階層的。有些世俗的物品只是工具，像是金錢，我們追求金錢只是為了換取其他物品；有些事物的本質則會帶來喜悅，像是知識與友誼。不過，幸福是終極的美好，大家追求的都是幸福本身，從來都不是為了要拿幸福來換取其他事物。那什麼是幸福呢？亞里斯多德認為幸福實現了道德素養和智識素養的活動，能展現我們潛在的能量。幸福是人類成功的模樣，而不是只有幸福的感覺。

然而，單靠道德和智識卓越並無法實現潛能，我們還需要家庭、村莊、學校和城市的力量。亞里斯多德的《政治學》（*Politics*）寫道，每個群體都是因追求美好而生，政治即是安排社會生活的藝術，讓大家都能培養道德素養與智識素養。如果亞里斯多德理想的城邦（或都市國家）是政治藝術的成果，那麼這同時也是人類天性的成品。他宣稱我們本質上是政治動物，唯有透過政治藝術，才能彰顯人類自然的潛能。作為生物學家，亞里斯多德十分清楚人類並不是唯一的社會或政治動物，他認為蜜蜂與螞蟻也是。不過，亞里斯多德認為人類是「最具政治性」的動物，因為我們具備推理辯論的能力，而其他動物雖然能表達喜悅與痛苦，卻只有人類能討論好與壞、公正與不義。

亞里斯多德認為，認識政體的方式就是去分析組成的元素，也就是去分析公民。亞里斯多德心中的公民就是已經準備好、有意願也有能力投身公務的人，他們可以治理也能夠被治理，所以他認為兒童和老人不算公民。亞里斯多德認為全體公民必須主動參與政治，一同審視、討論並決定群體事務。依據他的定義，政治社群是由理性的人集結的群體，這些人對於美好的人類生活存有共識。他的城邦就是互助提升的社會，公民協助彼此追求更高層次的道德素養與智識素養。亞里斯多德理想的政體僅有一萬名公民，類似教會與大學的綜合體。

除了以將動物與植物分類為「屬」與「種」而聞名外，亞里斯多德也蒐集了一百五十八個希臘城邦的政治制度，並加以分類，可說是政治學的生物學家。他先將政治體制分為公正與不公正兩大類。承襲柏拉圖，亞里斯多德認為公正體制的統治者是為了整個社會好，而不公正體制的統治者只是在追求個人利益。接著他進行交叉分類，認為統治者可以是一人、數人或很多人，所以公正體制可以是君主、貴族（意即「由最好的人統治」）或是政府，也可以是城邦。若這些體制劣化，則會看到專制暴政、寡頭統治或民主政治。亞里斯多德強調自己的分類符合科學也符合道德，表示他的公正體制比不公正體制更符合邏輯，不過我們得先瞭解健康和公正，才能看到偏離正軌和貪腐墮落，譬如說，我們理解暴君是什麼模樣前，必須先知道公正的君王是什麼樣子。在亞里斯多德後來的著作《政治學》裡，他說在許多案例中，政權的定義不在於統治者的數目，而在於統治者的階級。因此，他定義寡頭政治是富人當家、富人治理、為富人服務；民主則是窮人當家、窮人治理、為窮人服務。亞里斯多德自己比較偏好由中產階級統治的體制，也就是他口中的共和政體，因為他認為比起富人和窮人，中產階級比較溫和不暴力。

在政治上，亞里斯多德是現實主義者，他先預設所有人都身處在腐敗的政權裡。他覺得政治的重點在於讓不好的政府不要那麼糟，免得這個政府變得更糟糕；接著若有可能，再努力讓政府漸漸變得更好。與其努力讓暴政轉為共和，亞里斯多德建議不如將專制改革轉型為君主制，將民主轉為共和。至於對暴君，亞里斯多德也提供了邪惡的策略當建言——這些策略和之後的馬基維利很像，但不同的地方在於亞里斯多德警告這些暴君：不要訴諸武力或詐欺，以免導致自己提早橫死。想要善終的話，他建議這些專制君王採取緩和的統治手段，盡量表現得像一位明君。

現代社會面對亞里斯多德的政治思想，有時候會直接棄而不用，因為他主張一種理想化的自然奴隸制度，他否決女性可以擔任公民，而且批評民主制度。其實亞里斯多德反對以征服與武力產生的奴隸制度，而這正是古代雅典與美國南北戰爭前採行的奴隸制度，亞里斯多德自己還曾經主動釋放過自家的奴隸。反觀美國開國元勳湯瑪斯・傑佛遜，則完全不曾釋放過家奴，而哲學家約翰・洛克自己雖然沒有奴隸，卻十分贊成奴隸買賣。至於民主制度，**亞里斯多德逼使我們對自以為的民主制度拋出犀利的問題**：民主選任公務人員的方式就像憑運氣的抽獎，選舉是上層貴族在玩的（畢竟目標是選出「最好」的人）。還有，如果民主制度是由窮人統治，那麼美國政權看起來就更像寡頭政治了，這個觀點現在也獲得一些政治科學家的支持。沒錯，亞里斯多德將公民身分限縮在成年的自由人，他們積極參與辯論、決策、戰爭與統治。我們現在的民主，涵蓋的範圍更廣，生於該國的人都享有公民資格，而亞里斯多德的民主是強化的版本，每位公民都必須服兵役或公職。亞里斯多德幫助我們看到了現代民主運作的得與失。

04

現實主義者
奧古斯丁
Augustine, AD 354 ~ 430

西元四一〇年的時候，羅馬早已不再是羅馬帝國的官方首都。即便如此，野蠻的歌德族包圍洗劫這座「永恆之城」時，依然震撼了這個已在分崩離析的帝國，因為羅馬仍舊是帝國中心的精神象徵。這是六百多年以來第一次有外族入侵這座城市，在此之後，歐洲就進入了「黑暗時代」。

這次的歷史潰敗激起身心受創的羅馬人認真思考，到底是走錯了哪一步。君士坦丁大帝於三一二年改信基督教，此後多任羅馬皇帝也成了基督教徒，但不少羅馬菁英依舊維持原本的多神信仰，並將城市的陷落怪罪於基督教的興起。畢竟基督教主張溫順謙和，耶穌也宣揚人人平等與同胞之愛，而且許多基督徒抱持反戰抗稅的立場。這些新的價值觀怎麼不會侵蝕羅馬原本的尚武精神和愛國情操呢？基督教真的該為羅馬帝國的傾落負責嗎？或只是不巧成了代罪羔羊呢？為了回答這些問題，奧古斯丁動筆寫下巨作《上帝之城》（*City of God*）。

奧古斯丁是希波（今阿爾及利亞的安納巴）的主教，也是早期基督教會重要且具影響力的神學家。身為一名出生在北非羅馬帝國的羅馬公民，帝國的殞落也令奧古斯丁大受打擊。他在羅馬遭劫後不久開始書寫《上帝之城》，也正好在另一支歌德軍團攻擊焚燒宛如銅牆鐵壁的希波前不久完成。

書中，奧古斯丁試圖回答對基督教的指控，洋洋灑灑提出了多項論點反擊，認為不是基督教害羅馬滅亡。譬如說，他指出羅馬的哲學家領袖西塞羅

（Cicero）在共和時期就已經點出腐敗墮落的現象，而這早在基督出生以前。此外，奧古斯丁還說每位基督教徒都是兩座城市的公民：上帝的天堂之城，以及羅馬的大地之城。這兩座城市都由上帝創造，所以每位基督徒都肩負宗教與公民義務，要守護羅馬帝國的制度，而基督徒和愛國主義的異教徒守護的方式並不相同，這點毋庸置疑。奧古斯丁針對羅馬歷史學家的著作書寫了長篇評論，描繪過去羅馬政治人物和將領追求榮耀的動機、支配征服的渴求、財富與嗜血的愛好。簡而言之，這些異教徒的美德，經審視後，充其量只是奢華的惡習。基督公民的行為動機則更為高尚，是對和平與正義的渴望。

奧古斯丁自己一邊擁護柏拉圖，一邊又尖銳地批評柏拉圖。在柏拉圖的《理想國》裡，蘇格拉底透露他的理想城市在地球上永遠無法實現，「但天上有這樣的模式，正直之人只要心中有這樣的地方存在，就能行得正坐得直。」於是柏拉圖已經有自己的「雙城記」了。回顧自己的年少時代，奧古斯丁記得當時從鄰居的果園裡偷了水梨。套用柏拉圖的心理學，奧古斯丁之所以犯罪，是因為身體的欲望戰勝了理智，但奧古斯丁說他和朋友根本沒吃偷來的水梨。這件事讓他明白了柏拉圖「身體是罪惡之源」一說並不正確。奧古斯丁後來從《聖經》記載人類墮落的故事中，終於理解了自己年輕時為何犯錯。夏娃偷嚐禁果，不是因為餓了，而是因為想「變得像上帝一樣」——罪惡源於精神上的驕傲任性。確實，精神上的任性可能會讓肉身的欲望淪陷，強暴和暴飲暴食就是如此。不過，把邪惡的行為怪罪到我們的身體，就是在怪罪造物主了。奧古斯丁意識到如果身體不是罪惡的來源，那柏拉圖期待清醒理智和哲學原理能避免哲人王走向墮落，就是毫無根據的。柏拉圖的統治者和其他人一樣，都會受到精神上的驕傲任性所影響。

因此我們可知，奧古斯丁不但是一個理想主義的基督徒，也是政治的現實主義者。他相信人類的邪惡是根深蒂固的，無法藉由理性的人為紀律加以控制，因此我們若期待賢德的統治者出現，就不合理了。奧古斯丁認為政治並不是源自我們的良善天性（神造人之初，給了人善良的天性），畢竟伊甸園裡可沒有政治。相反地，政治（包含戰爭、懲罰與奴隸制度）是控制人類罪惡的必要之惡。

奧古斯丁對人類政治醜陋的現實主義，顯露在亞歷山大大帝和海盜的故事中。亞歷山大大帝統帥強大的艦隊，遇到了一艘海盜船，他問海盜：「為什麼你要騷擾海域？」海盜回應：「為什麼你要征服世界？你做的事和我在小船上做的一樣，只是你比較大張旗鼓。」奧古斯丁站在海盜這一邊，認為「帝國是什麼？只是海盜活動的放大版嗎？海盜是否也不過是簡化版的皇帝呢？」奧古斯丁重新定義古典的政治群體，從中他的政治現實主義可見一斑。他引用西塞羅對政體的定義，那就是「對權利有共同理解的人的集合體」。可惜的是，從沒有異教政體能充分理解正義，所以就西塞羅的定義而言，這世界上從來沒有出現過真正的政體。奧古斯丁進一步提出更務實的定義，說政體是「一群理性的人集結在一起，對他們所愛的事物達成共識」。然而，奧古斯丁這裡的政體或許又太現實了一些，因為這個定義不只包含了異教政體，甚至還包含了犯罪集團。

奧古斯丁的政治現實主義，源自使徒保羅的〈羅馬書〉。在〈羅馬書〉當中保羅說，政府對好人而言不是恐怖的存在，對壞人才是，政府會代上帝施加天譴到犯罪的人身上（「作官的原不是叫行善的懼怕，乃是叫作惡的懼怕。」）。這裡政府的任務很簡單，不是培養道德素養和智識素養，而是懲罰犯罪者。《論自由意志》（*On Free Will*）一書中，奧古斯丁指出美德是發自我們意圖的內在品質，也就是說，美德的意思是用對的動機去做對的事情。可是社會的法律只能規範外在行為，無法規範行為者的動機，所以人類的法律只規範外在行為，上帝的永恆律法才能判定我們內心深處意圖與動機的品質。社會法律只能防止犯罪，但永恆律法能防範所有罪惡。與其試圖創造美德與正義，人類政體其實應該聚焦在追求和平，因為和平是每個人都想追求的目標。本書稍後會看到，湯瑪斯．霍布斯也遵循奧古斯丁的思想，認為公民政府的最終目標，就是鞏固和平。奧古斯丁認為真正的和平是「祥和秩序」，也就是每個人類靈魂的內在和諧與人際間的正義。雖然社會和平僅止於停止衝突，但至少能讓教會持續運作，建立真正的和平。

《上帝之城》裡，奧古斯丁說明對自己的愛是「人類之城」的基礎，但「上帝之城」的基礎是上帝的愛。他主張基督教會是上帝之城的再現，而異教帝國則是人類之城的代表。奧古斯丁也清楚說明這樣的認同不盡完美，因為在基督教會之外，也有上帝之城的成員，正如同基督教會之內也存在人類之城的成員一樣。他說有次他被這樣的想法吸引：在一個基督羅馬帝國裡，人類之城帝國也能皈依基督教，不過後來他又對基督帝國的想法感到失望。最後，奧古斯丁認為基督社會只有一種可能的存在形式，那就是教會。基督徒必須學習生活在宗教多元的政體中，前提是這些政體要能尊重基督教會的獨立存在。奧古斯丁理想的政體無疑是由基督徒領政，但他卻反對基督政治社群的理想。

想要瞭解像奧古斯丁這樣的基督教神學家，是如何為政治如此世俗的概念建立基礎，就必須先回到《聖經》裡記載的小麥與雜草的比喻，這是奧古斯丁政治的中心思想。農夫告訴地主，他的麥田長了雜草，問道：「我該把雜草拔掉嗎？」地主回答：「不用，讓雜草與小麥一起長大。如果把雜草拔掉的話，也會傷到小麥。」「到了最後採收時，」地主說：「再把兩者分開就好。」

奧古斯丁對這則寓言的解讀是，人類無法區別誰屬於上帝之城，誰屬於人類之城，因為只有上帝才能看透我們內心愛的本質，所以政治上努力區分基督徒與非基督徒或許是弊大於利。我們要讓小麥和雜草一同在群體中成長，創造宗教多元的社會，在歷史走到盡頭時，上帝才能創造真正的上帝之城。不過，奧古斯丁並不總是尊重宗教寬容的原則——他認同羅馬當局使用法律和政治手段排除北非的異己，此事讓他招致惡名。中世紀和近代早期的歐洲出現了更令人髮指的宗教迫害，這件事可說是為此開了危險的先例。

奧古斯丁堅持基督徒是好公民，因為他們的宗教義務就是聽公正政府的話。基督徒追求的共同的利益，不像異教徒會追求個人榮耀。不過，奧古斯丁的基督理想可能會危及一些忠誠價值，而這些價值往往被視為公民美德的中心，譬如說，奧古斯丁問：「人類的壽命並不長，只要我們不會被迫敬拜偶像，活在什麼樣的政權下重要嗎？」對擁護共和與民主政府的人來說，這當然非常重要。如果創立美國的愛國人士承襲了奧古斯丁的思想，那麼北美這塊土地就還只會是英國的殖民地。

奧古斯丁也談到戰爭，「被殺的是同胞還是敵人，這重要嗎？流的不都是人類的血液？」對愛國人士來說，這當然非常重要。如果要採行奧古斯丁的建議，我們不只要為我們死去的士兵豎立紀念碑，還要為敵人死去的士兵也豎立紀念碑。從上帝之城的觀點來看，政權間的差異確實十分微小，所有的戰爭都也只是內戰等級。但人類之城的公民素養，卻要求更狹隘的忠誠。

話雖如此，**奧古斯丁對政治的看法仍舊影響著我們現在對政治的態度，他不認為政治是人類良善的極致表現，反而應該被視為只是必要之惡**。湯瑪斯・傑佛遜說：「最少的治理，就是政府最好的治理」；詹姆斯・麥迪遜說：「如果人類是天使，那就不需要政府了。」在這些字裡行間當中，我們都聽得到奧古斯丁的聲音。

中古時期

MEDIEVALS

05 伊瑪目 阿爾・法拉比

Al-Farabi, c. 872～c. 950

在阿勒普（Aleppo）有一位著名的穆斯林王子，在支持阿爾・法拉比幾年後，終於失去耐心。阿爾・法拉到哪裡都穿著單調的長袍，興高采烈地發表觀點，例如他會說：「正直的人在世上是不快樂的陌生人，死亡對他來說比活著還要好。」難怪王子會覺得阿爾・法拉比是個無趣的人。

回過頭看，我們可以很清楚地看到阿爾・法拉比差勁的社交技巧。他衣著鄙陋，過著儉樸的苦行生活，放棄了財富和政治權力，這些都是他以哲學家為天職的重要標記。除了他的文字，基本上我們對他所知不多。這些特質讓他能自由自在地當一位獨立的思想家。我們會把伊瑪目想成某種穆斯林的神職人員，但阿爾・法拉比大膽宣稱，只有哲學家才能擔任真正的伊瑪目。

⁂

公元八七〇年，阿爾・法拉比出生在法拉伯附近，也就是今天的哈薩克，並在大馬士革長大，曾在巴格達居住了數十年，八十歲時在阿勒普（今日敘利亞北方）過世。他是當今最受尊敬的穆斯林哲學家，中世紀的時候，基督徒、猶太教徒與穆斯林哲學家都對他十分推崇，稱他為「第二導師」（僅次於亞里斯多德）。不過，中世紀重要的伊斯蘭神學家阿爾・安薩里（Al-Ghazali）卻批評阿爾・法拉比，視他為異教徒。雖然阿爾・法拉比為人謙和，但其實他是位作風大膽的老師，試圖將古希臘哲人王的理想引入伊斯蘭全新的政體。

一直以來，哲學都備受宗教威脅。蘇格拉底遭處死刑，有部分原因就是他被控褻瀆神明。隨著亞伯拉罕宗教興起，宗教對哲學的挑戰變得更加嚴峻，這些宗教都宣稱擁有獨立於哲學的神聖真理。如果《聖經》和《古蘭經》已經揭示了真理，那我們還需要去詢問哲學家嗎？

亞伯拉罕宗教中，基本教義派堅稱《聖經》才是真理可靠且唯一的來源。人類如此容易犯錯墮落，那麼需要請示時，異教哲學家要如何與上帝啟示的文字相提並論呢？同時，在亞伯拉罕宗教裡，我們也看到理性主義者相信哲學是引領人類通往真理唯一可靠的道路，他們並不完全相信《聖經》裡的神話與傳說。阿爾．法拉比既不是基本教義派，也不是抱持懷疑態度的理性主義者。

有沒有可能從中立的觀點比較哲學和宗教的主張呢？必須採用哲學論證才能評量宗教主張嗎？必須抱持宗教信仰才能評論哲學主張嗎？有些中世紀的哲學家相信《聖經》的真理，試圖看看哲學家的論點是否可以與之契合；

也有人堅持使用理性去審視《聖經》。阿爾・法拉比無疑是用哲學的標準去判斷真理，也發展出了各式論點，支持上帝傳予先知穆罕穆德（Prophet Muhammad）的意旨符合哲學真理的標準。

阿爾・法拉比試圖找出宗教基本教義和理性懷疑主義的中庸之道。《古蘭經》的神啟智慧和古希臘的哲學理性智慧他都尊崇，他的立場被稱為「伊斯蘭人本主義」，可是卻遭到伊斯蘭主義者和人本主義者的批評。阿爾・法拉比是如何調和伊斯蘭教和哲學的呢？他把穆罕默德視為哲學家，把「神聖的柏拉圖」當作《聖經》，也就是說，他認為穆罕默德是理解預言背後的哲學基礎，而看待柏拉圖的著作也應該要像詮釋《古蘭經》那樣謹慎。可是就文字上來說，柏拉圖的對話集和《古蘭經》當然是南轅北轍。然而，這些文字上的不同可能只是反映了柏拉圖和穆罕默德聽眾的差異，而不是觀點的差異。畢竟柏拉圖確實也寫下了「上帝才是一切事物的準則，不是人類。」或許，柏拉圖就是說著一口古希臘語的穆罕默德？

雖然像之前說的，亞里斯多德反對柏拉圖哲學的中心概念（包含政治哲學），但在亞里斯多德去世後，擁護「新柏拉圖主義」的人試圖調和並整合柏拉圖和新柏拉圖主義的思想。阿爾・法拉比是伊斯蘭新柏拉圖主義的創始者，終其一生致力於進一步整合兩者。雖然他被尊稱為「亞里斯多德第二」，但比起亞里斯多德，他的政治哲學其實比較接近柏拉圖。當然，近代以前，亞里斯多德的偉大著作《政治學》並沒有翻譯成阿拉伯文，所以雖然阿爾・法拉比當然知道有這本書的存在，但他自己的著作並沒有《政治學》的影子，而且他的柏拉圖主義政治哲學對未來的伊斯蘭政治哲學具有決定性的影響。

我們之前有看到，對於哲學與政治之間的關係，柏拉圖和亞里斯多德的看法並不相同。亞里斯多德比較哲學家的理論智慧與政治家的務實理性，堅持好的統治者必須擁有務實智慧，而不是理論智慧。他並不期待政治家成為哲學家，也不期待哲學家掌權統治。

相反地，柏拉圖並沒有明確區別理論智慧與務實智慧。依據他的思想，在掌握理論智慧的哲學家統治前，政治的邪惡會層出不窮。當然，他也承認政治實務經驗的重要，所以堅持哲人王統治前一定要先累積這些經驗。

阿爾．法拉比果決地站在柏拉圖這邊，堅持政治社群理想的統治者必須擁有理論與實務經驗，哲人王必須熟習幾何、物理、天文、音樂、形上學與邏輯。他相信，除非瞭解宇宙的本質以及人類在宇宙中的位置，而且這些真理要能夠透過論證說明，否則不可能實踐人類事務的務實智慧。他使用細膩的比喻，拿宇宙、靈魂、肉身與政體的結構來比擬道德和政治，他說政治階層必須和宇宙以及人類靈魂的階層相呼應，譬如說，一位上帝統治整個宇宙，所以政體應由一位哲學家帶領，而理智支配著人類的身體，就像哲學支配著社會一樣。如同柏拉圖和亞里斯多德，阿爾．法拉比肯定人類先天的不平等，有些人生來就是統治階級，有些人則生來就是奴隸。

柏拉圖和阿爾・法拉比都意識到實際政權離理想都還很遙遠，確實，我們什麼時候看到哲學家統治了？阿爾・法拉比仔細列出了所有無知、墮落、錯誤和變節的政權，點出這些統治者的出發點都不是對真理的喜愛，而是對財富、榮耀、征服和享樂的喜愛。然而，阿爾・法拉比也堅信，我們努力改革政府時，必須確保政策以哲學為基礎，如果統治者本身不是哲學家，那麼他們至少必須採納哲學家的建言。

阿爾・法拉比最偉大的政治觀點就是意識到，單靠哲學家是無法好好統治的。哲學家和一般人太不一樣了，難以成為有效的統治者。哲學必須吸納宗教、法律、修辭、文學與音樂，才能依真理形塑人民行為。大多數的人無法掌握抽象的概念，或是遵循邏輯的演繹，他們需要視覺圖像或是口述故事的輔助來追求真理，神學家、法學家、藝術家、作家和音樂家都在使用各自的方法向人民傳達哲學真理。如同柏拉圖，阿爾・法拉比也號召詩人來協助點綴哲學真理，好讓哲學真理更加吸引人。

阿爾・法拉比讚同柏拉圖的哲人王概念，但這樣對先知的威權造成了實質的挑戰。在經書裡面，摩西、耶穌和穆罕默德是上天為各族人民指定的統治者。雖然這些先知都是擁有務實智慧的人，也累積了管理人類事務的經驗，但他們都和哲學家沾不上邊。如果真正的政治威權是生於哲學，那麼阿爾・法拉比要如何解釋先知的威權呢？

十九世紀德國哲學家尼采把基督教視為蠢化的「大眾版柏拉圖主義」，不過阿爾・法拉比倒是肯定伊斯蘭教，因為伊斯蘭教將柏拉圖思想的真理帶給普羅大眾。他心中真正的先知是理性與道德的完美化身，如此才能接近天神。上帝會對先知揭露完整的哲學知識，以便賞賜先知智識素養。普通的哲學家必須透過費力的詢問與辯論，才能一點一滴累積智慧，而先知可以直接接受上帝賜予的哲學智慧。先知在經文裡寫下的內容，只是具體記載了上帝揭示的哲學原則。如果要透過經文引領人類的行為，內容就必須親民，因為民眾只能藉由故事和戒律瞭解背後的意涵。不過這些故事和戒律背後都有哲學真理的邏輯支撐，而且是先知透過神啟而習得的真理。

《聖經》和裡頭的宗教律法出自先知隱微的哲學知識，因此必須經由哲學家來引導《聖經》在人類事務上的詮釋和應用。這裡我們可以看到為什麼阿爾．法拉比認為哲學家才是真正的伊瑪目，因為所有的宗教真理都奠基於抽象原則，只有真正的先知以及他們的繼任者哲學家才能理解。

除了將柏拉圖理想的哲人王連結到亞伯拉罕宗教的先知統治者，阿爾．法拉比也將柏拉圖和亞里斯多德理想中的有德城邦，連結到大型的中世紀帝國。柏拉圖和亞里斯多德理想的政體都是小型的社群，由一群對道德素養和智識素養存有共識的公民組成。希臘人認為，能夠提供公民通識教育的政體，必須維持在小型的五千到一萬人口。阿爾·法拉比提議要將這種理想的城邦跨展到整個國家，甚至是統領各國的帝國，他是第一位提出這種想法的政治哲學家。阿爾·法拉比確實開創了將國家作為政治生活基礎的概念，民族團結是建立在相同的語言、種族、宗教、文學或音樂嗎？在伊斯蘭世界，「國家」的意涵包括特定的種族社群和文化社群，也指涉「伊斯蘭民族」。阿爾·法拉比已經看到統一伊斯蘭帝國的夢碎，但他認為多族帝國有潛力成為良好的政體。

亞里斯多德在《政治學》中寫道，國家和帝國的範圍太大，也太過複雜，難以形成共享美德價值的群體。富教育意義的政體必須擁有同一種語言、信仰、文學、教育與文化。亞里斯多德想知道，如果不是透過統治與被統治的輪替經驗，公民是如何養成公民素養的呢？對亞里斯多德來說，政治的規模很重要，國家與帝國注定會走向墮落與專制。然而，阿爾·法拉比憑藉著傑出的務實洞察力，認為統治者有可能建立以德政為依歸的帝國，統領多元民族，而且各國各族都能夠擁有自己獨特的語言、宗教習俗與文學。

⁂

阿爾．法拉比為後世留下了什麼呢？如果他的目標是在伊斯蘭學校中建立一個探究哲學的榮譽場所，那麼肯定是成功的，至少在中世紀時期是如此。但如果他是希望讓哲學成為伊斯蘭宗教和政治的中心，那並不太成功。如同猶太教，伊斯蘭教骨子裡是法律宗教，法學家擁有最大的威權。在伊斯蘭教裡，法理學才是科學之后，而不是神學或哲學。

中世紀伊斯蘭政治哲學偏向柏拉圖，而不是亞里斯多德，部份原因要歸功於阿爾．法拉比。這有什麼重要的呢？不論亞里斯多德自己的理想為何，《政治學》內含了許多對人民當家作主的民主討論。這些討論從來沒有出現在中世紀伊斯蘭哲學家的辯論中，十九世紀以前，伊斯蘭世界以人民為主的論點幾乎不曾出現，有部分的原因應該是亞里斯多德在阿拉伯文化的政治科學中缺席。或許這也解釋了今天民主政治在伊斯蘭世界面臨的困境。

改變得越多，就越會保持不變的狀態。中世紀伊斯蘭世界和今天的伊斯蘭世界一樣，分為基本教義派和理性懷疑派。二十世紀的世俗人本主義者相信，宗教會隨著無知和窮困而逐漸消失，不過，宗教在現階段並不會很快就消失。**阿爾．法拉比在基本教義派和世俗人本主義間開創了一條中庸之道**，他的伊斯蘭人本主義引領了之後摩西．邁蒙尼德的猶太人本主義，以及湯瑪斯．阿奎那的基督人本主義。這些哲學家從不同的觀點切入，認為宗教必須透過理性來改革，而理性必須融入宗教信仰。中世紀起，基本教義派和世俗法西斯與共產擁護者帶來大量的政治暴力，而阿爾．法拉比、邁蒙尼德和阿奎那都相信，宗教人本主義最能孕育溫和正派的政治風格。到目前為止，歷史還是站在他們這邊的。

06 立法者 邁蒙尼德

Maimonides, 1135 or 1138 ~ 1204

身為十二世紀摩洛哥菲斯的猶太拉比，摩西・邁蒙尼德陷入了可怕的兩難。西班牙南部和北非馬格里布的新任阿蒙哈德王朝統治者是個宗教狂熱分子，要求所有基督徒和猶太人，不皈依伊斯蘭教者就得死。根據歷史學家的紀錄，邁蒙尼德假裝皈依伊斯蘭教，背誦穆斯林祝禱文，閱讀《古蘭經》，也前往清真寺禮拜。當時的開羅容許猶太教，拉比邁蒙尼德抵達安全的開羅後，寫了一封建議信，給還在馬格里布遭受壓迫的猶太教友——有些猶太人選擇殉道，也不願背棄自身的信仰，但也有很多猶太人選擇皈依伊斯蘭教（不論虔誠與否）。邁蒙尼德心地仁慈，認為雖然殉道固然可佩，但並非必要之舉。他堅信一個人在遵守伊斯蘭法律的同時，可以不違背猶太教的信仰。在他「皈依」伊斯蘭教後，仍然堅持猶太人必須離開家鄉，前往可以接受猶太教的地方，因為上帝不會拋棄他們。沒有人能指責邁蒙尼德是虛偽的人，因為他的言行一致。

摩西．邁蒙尼德的名字來自《聖經》第一位偉大的猶太立法者，至今他依然備受敬愛，被視為最偉大的猶太哲學家與法學家。可是邁蒙尼德對自己還有更多期望，他試圖廢除猶太法律的所有傳統，用自己的法典來取代，希望透過這樣能夠成為摩西第二。歐洲的猶太守舊人士因為邁蒙尼德放肆的態度而禁止了他的著作，甚至焚毀他的書籍。

⋯◆⋯

一一三八年間，邁蒙尼德誕生在西班牙的哥多華，這是歐洲最大最富有的城市，同時也是伊斯蘭教與猶太教的學識中心。長達兩個世紀對伊斯蘭統治的開明和包容，使這裡成了伊斯蘭聖地，猶太教徒、基督信徒與穆斯林都能在這裡進行學術與藝術的交流。邁蒙尼德的父親是位知名的學者，他小時候十分快速地吸收了猶太法律與伊斯蘭哲學。不過，邁蒙尼德十歲那年，新的阿蒙哈德統治者開始迫害基督教與猶太教，邁蒙尼德的西班牙烏托邦自此開始瓦解。接下來的十八年裡，邁蒙尼德和家人開始在安達盧西亞各城市間與北非各國間流亡，好不容易家人在開羅安頓，他的父親——啟發邁蒙尼德習讀《妥拉》經書（Torah）的人——又過世了。離開哥多華後，邁蒙尼德就再也沒有智識相投的人陪伴左右，但他在開羅開心地生活了三十年，晚期也擔任蘇丹薩拉丁（Saladin）的御醫，但他依舊以西班牙人自居。

令人訝異的不是猶太政治哲學家不多，而是猶太政治哲學家的存在，畢竟政治哲學是統治藝術的務實研究。然而，絕大多數的歷史記載中，猶太人是無國無根的族群，長年由異族統治。因此，多數猶太人認為政治是管理猶太族內的政治，引導他們在異族政權下該如何維繫在地社群，該如何在這些政權下培養國家認同。猶太人可能沒有自己的政治圈，但他們有自己的法律、法庭和主管機關。

邁蒙尼德就是典型的猶太政治領袖。離開開羅不久後，他在埃及被推選為猶太人的領導者，肩負管理猶太生活的責任，還需要維繫各猶太社群間的緊密關係，尤其是黎凡特地區。確實，邁蒙尼德無法行使完整的政治主權，他沒有統帥陸海軍，也沒有統治國家。不過，他課徵稅賦、救濟窮人、改革宗教儀式，擔任埃及和黎凡特猶太區上訴法院的調解人。雖然只任職了幾年，但邁蒙尼德已經比其他重要的哲學家累積了更多的政治經歷。

如年代更早的阿爾・法拉比與更晚的湯瑪斯・阿奎那，邁蒙尼德希望在基本教義派和理性懷疑論者間走出一條中庸之道，他可說是「穆斯林阿爾・法拉比的新柏拉圖主義」以及「基督教湯瑪斯・阿奎那新亞里斯多德主義」之間的橋樑。據稱他的心在耶路撒冷（這是他信仰的根源），他的頭在雅典（哲學的根源）。確實，有人指責他利用亞里斯多德打擊猶太教，利用猶太教攻擊亞里斯多德，而學界至今對他的忠心所向仍未有定論。不過，邁蒙尼德自己並不覺得有多大的衝突，他堅信猶太教思想已經隱含了亞里斯多德學說，而亞里斯多德學說也隱含了猶太教思想。畢竟，亞里斯多德曾說人類卓越的頂點是智識上對上帝的愛，邁蒙尼德說這也是猶太法律的精髓。

邁蒙尼德是奧古斯丁與阿奎那承先啟後的中間人，他堅信《聖經》信仰是本質上對理性理解的追求。只要相信上帝，心裡自然會激發出哲學問題，例如「上帝是誰？」以及「如果神如此慈愛又神通廣大，為什麼還有這麼多邪惡的存在？」《聖經》信仰一直都不脫這類批判的自我反思。希伯來先知已經是準哲學家了，他們嚴格地批判並分析《聖經》的律法與應許。猶太的解經傳統向來致力在挖掘那些讓特定《聖經》規範躍然紙上的普世道德原則，所以如果說希臘哲學與猶太傳統毫無交集，那麼邁蒙尼德會不以為然。

信仰追求理解，邁蒙尼德認為人類理解的顛峰是亞里斯多德。亞里斯多德堅信上帝是純粹的思想，沒有具體可見的特性，甚至沒有情緒。根據邁蒙尼德的想法，《聖經》裡的上帝也是如此，所有形象化的神像都是偶像崇拜，應該加以譴責。既然《聖經》裡的上帝是純粹的思想，為什麼《聖經》常常會用人類的形象來描繪上帝呢？像是上帝擁有「右手」，掌握「寶座」，有時還會有「怒氣」。邁蒙尼德認為，多數的人智識不足，難以理解神這種無形的存在，因此會以人類的形象去想像上帝。如同亞里斯多德，邁蒙尼德相信美德本身就是獎賞，罪惡本身就是懲罰。然而，要不是畏懼上帝的憤怒，大部分的人並不會趨善避惡——雖然上帝如邁蒙尼德所說，是沒有情緒的。邁蒙尼德並不是以幽默著稱，但他也曾說過：「如果你賦予上帝憤怒的情緒，那我們就有可能惹他生氣！」

有些學者認為，邁蒙尼德在分析猶太法律時是徹底的猶太信徒，在解釋哲學時則是純然的亞里斯多德學派，但要證明邁蒙尼德的法理是亞里斯多德主義，以及他的哲學帶有猶太色彩，都十分容易。亞里斯多德認為有些法律渾然天成，放諸四海皆有理，像是「尊敬父母」和「償還債務」。其他法律則是約定俗成，各個政體間也不同，像是獻祭牲品要選擇哪些動物。邁蒙尼德使用亞里斯多德的思想去分析摩西的律法，認為有些渾然天成，十分有理，像是不可殺人、不可偷竊；有些則完全是依照慣例在走，像是獻祭牲品的動物和數量。亞里斯多德認為我們能夠理解自然法律的理性目標，但無法完全理解約定俗成法律的理性目標。這個觀點，邁蒙尼德也同意。他相信我們有能力理解《聖經》上許多規定背後的理性目標，例如不可殺人，不可偷竊，但我們卻永遠也無法瞭解《聖經》裡為什麼有些律法要這樣規定，例如不可用母羊的奶烹煮母羊生的小羊，不可將羊毛與細麻兩種材料混織在一起做衣服。簡而言之，我們遵守《聖經》裡的自然法律，是出於理性（與上帝）的要求；遵守約定俗成的《聖經》規定則單單是因為上帝這樣要求，所以我們就照辦。依照邁蒙尼德的說法，亞里斯多德反倒是猶太法律絕佳的指引。

邁蒙尼德將亞里斯多德的思想注入傳統的猶太教信仰，同時也將猶太信仰注入亞里斯多德的思想。亞里斯多德認為，所有真正的美德是過與不及兩個極端的中間值，譬如說，美善的自我關懷是傲慢（極端自我）與謙卑（缺乏自我）這兩種醜惡的中間值。可是邁蒙尼德堅持，根據《聖經》的教誨，一個人再怎麼謙卑都還是不夠，因為任何程度的驕傲都是否認上帝的存在。

在這裡，《聖經》某程度上「教導」了亞里斯多德：有些美德不是中間值，而是處於極端。最具爭議的是邁蒙尼德駁斥亞里斯多德世界是永恆存在的理論，邁蒙尼德堅持，單靠理性無法證明世界是自始就永恆存在，還是被創造出來的。邁蒙尼德使用這些論述和其他方法，借用《聖經》信仰的觀點，重修哲學家的論點，同樣地，他也利用哲學重修《聖經》信仰。

亞里斯多德認為哲學家的智識完美和政治家的道德完美是兩回事。阿爾．法拉比主張真正的先知能達到智識與道德的完美，因此層次比哲學家和政治家都來得高，而且他也認為先知結合了哲人的智識完美與詩人的想像完美，因為先知必須使用生動的語言說明抽象的真理，才能觸及各式各樣的群眾。邁蒙尼德從阿爾．法拉比的先知理論繼續發展，同樣區別智識完美與想像完美。單有智識完美僅能成為哲學家，單有想像完美僅能成為政治家，唯有先知能兩者兼具。換言之，先知已具備哲人王的資格，因此先知摩西便是真正柏拉圖式的統治者。如同阿爾・法拉比，邁蒙尼德認為先知不是上帝隨意賦予神力的人，兼修智識素養與道德素養而修得神性的人，才是先知。上帝如果不賜予神啟給這樣的人，那才真的是奇蹟呢。阿爾・法拉比將穆罕默德和摩西與耶穌相提並論，認為他們是真正的先知，但邁蒙尼德卻認為只有摩西才是至上先知、最高立法者。

猶太人對摩西律法的長期評論，最後編纂成《塔木德經》（Talmud）一書，記錄了猶太辯論、表決與決議，並說明這些內容該如何應用到特定的個案上。邁蒙尼德十分大膽（或者可說是傲慢），試圖整合這些龐雜的法律文書，利用一般原則梳理出邏輯，進行縝密的分類。全面又系統化地整理所有猶太法律，這可說是前無古人後無來者。邁蒙尼德將律法整理成冊，編成長達十四卷的《密西納妥拉》（Mishnah Torah），能與之相提並論的只有羅馬皇帝查士丁尼或是近代法國拿破崙下令編纂的法典。但下令編纂的法典是出自眾法學家之手，而邁蒙尼德憑的是一己之力。

查士丁尼和拿破崙的法典都是由官方正式制定，用以廢止並取代舊的法律、判決與司法意見。邁蒙尼德缺乏這些政治權力，無法在猶太社群推行新法典，所以他編纂的法典只是有邏輯地摘引猶太律法，再整理成概要。不過，古今有許多猶太法學家都懷疑邁蒙尼德試圖以自己的新法典廢止並取代整個《塔木德經》的法理傳統，讓自己成為新一代的摩西，成為第二偉大的猶太立法者。確實，新法典的名稱《密西納妥拉》意思就是「再現（摩西）律法」。

政治作家馬基維利將「政權建立者」和之後的「改革者」做出區別，後者稱為「再建立者」。美國歷史中就有這樣的例子：建立美國的稱為「國父」，而亞伯拉罕・林肯（Abraham Lincoln）澈底改革並「再次建立」美利堅合眾國，提倡極度平等與強而有力的國家政府。根據馬基維利的說法，再建立者乃是透過將政權回歸到初始的原則，而對政權進行了改革，林肯就主張自己是把美國帶回到「人生而平等」的原則。

套用類似的邏輯，如果說摩西是古早以色列政治社群的建立者，那摩西．邁蒙尼德就是期望自己成為再建立者。摩西嚴厲指責崇拜金牛犢的以色列人是偶像崇拜，邁蒙尼德也同樣厲聲譴責以人的型態具象化上帝是偶像崇拜。《聖經》裡的摩西努力淨化以色列人的宗教信仰，因此頒佈了新的法典，這也是摩西第二的邁蒙尼德在做的事。雖然邁蒙尼德無法如願廢止《塔木德經》的傳統，但他的法典已經永遠改變了猶太律法的詮釋與應用；雖然邁蒙尼德沒能淨化猶太族群對《聖經》意象虔誠的心，**但他開啟了此後哲學對《聖經》信仰的激烈批判，也開啟了《聖經》對哲學思想的激烈批判**。

時至今日，在以色列國家內部，世俗人本主義和宗教基本教義並存，有人只在科學與哲學中追求真理，也有人只在《聖經》律法中追求真理，彼此嚴重分歧。作為備受尊敬的猶太拉比兼偉大的哲學家，邁蒙尼德依循自然理性與神性啟示兩種觀點追求真理。此外，以色列對外也與穆斯林的鄰近國家陷入衝突。邁蒙尼德是猶太思想家，但也以阿拉伯文書寫哲學道理，他可說是猶太人與穆斯林的橋樑。他的著作跨越傳統與信仰，開啟尊重的對話，即便在難解的衝突中也帶來一線希望。

07

協調者

湯瑪斯・阿奎那

Thomas Aquinas, 1225 ~ 1274

一二二四年，十九歲的湯瑪斯・阿奎那決定加入剛創立的道明會，成為會士。他在那不勒斯的老師和同學都十分驚訝，這位出身貴族世家的青年居然要去過清貧修士的生活。聖道明（Dominic）建立了道明會，旨在傳揚福音，打擊邪說異端，因此道明會士算是十三世紀走在前端的知識分子。阿奎那的母親對兒子的志向十分反對，堅持要他繼承家族的大坪房產，當個貴族領主。他擔任神聖羅馬帝國皇帝騎士的兄弟為了改變阿奎那的心意，於是綁架了他，關在家族羅卡塞卡的城堡將近兩年。家人甚至安排年輕女性到阿奎那的牢房測試他的貞節意志。然而，阿奎那對這份宗教志業非常堅定，最終家人只好讓步。

軟禁在家時，家人允許阿奎那閱讀哲學與神學書籍，然後他到巴黎和科隆繼續正式的學習之路。之後，阿奎那成為頗負盛名的神學家與哲學家，成為了法王路易九世以及多位教宗的好友與顧問。在他的哲學大作《神學大全》（*Summa Theologiae*）中，阿奎那主張父母對於子女的威權不應該無限上綱，他說父母無權否決成年子女嫁娶與追隨宗教事業的決定。

中世紀常被稱為「威權年代」，不過，「眾威權年代」應該比較好理解，因為當時有許多威權相互競爭。十三世紀主要的兩股智識勢力源自雅典與耶路撒冷。中世紀歐洲傳承了古希臘柏拉圖與亞里斯多德的哲學與科學知識，也從古時以色列繼承了《聖經》信仰，特別是基督教信仰。亞里斯多德的著作在加上許多猶太與伊斯蘭的評註後，於十二世紀才傳到西歐。年輕的阿奎那前往科隆，跟隨大阿爾伯特（Albert the Great）學習，他是開拓亞里斯多德學派的科學家與哲學家。這時，阿奎那開始試著整合亞里斯多德的科學和哲學，將它們連結到《聖經》信仰，他花了畢生精力在做這件事。而希伯來文化與希臘精神的結合確實是西方文明最佳的定義。

中世紀的猶太教、伊斯蘭教與基督教當中，激烈地爭辯雅典哲學與耶路撒冷信仰不同的見解。阿奎那追隨阿爾・法拉比與邁蒙尼德的腳步，主張上帝是人類理性與神旨啟示的創造者，所以透過科學從「自然之書」學習到的知識，照理說不會和透過信仰從《聖經》學習到的道理相抵觸。如果覺得科學和《聖經》傳授的內容互相矛盾，那我們一定是誤解了其中一邊的內容。終其一生，阿奎那都致力以知識證明亞里斯多德的真理和《聖經》的真理一致相合。他努力結合雅典與耶路撒冷，**創造了世俗人本主義與宗教基本教義**

外的第三條路，叫做「基督人本主義」。十三世紀的經院哲學是從基督人本主義而生的一枝花，義大利的文藝復興則是另外一朵。

阿奎那留下了上千則論述，從物理、生物談到倫理、心理學與神學，說明《聖經》信仰和希臘哲學彼此相容。他一貫的指導原則是「信仰不會摧毀或取代理性，只會使其更加完備」。

讓我們簡短地看看阿奎那的基督人本主義如何在道德與法律的領域發揮效益吧。阿奎那從希臘哲學中發現了道德素養的理論，尤其是我們稱之為正義、智慧、勇氣與中庸的「自然德性」。雖然《聖經》並沒有講到「德性」這個詞，但一定有談到這些基本的價值觀，這些價值觀在所有人類文明的書寫記錄都可以看見。各個文化的智者都同意人類社會有賴大家養成這些德性，社會裡必須要有一定的人數擁有這些德性，否則我們無法和平共處，而我們自己的人生也會因為正義、智慧、勇氣、中庸等德性而變得更加美好。

阿奎那也發現了《聖經》獨有的德性，那就是信、望、愛。這些他稱為「超自然德性」，因為它們並無法單由理性求得，有賴《聖經》啟示的信仰才能得到。今天的世俗人本主義者主張只需要自然德性，就能擁有美好人生；宗教基本教義派則主張人類只需要《聖經》的超自然德性。阿奎那堅信，我們需要全部的德性，信、望、愛不會取代正義、智慧、勇氣與中庸，只會更臻完美。確實，宗教狂熱分子會認為只需要信、望、愛，不需要正義、智慧、勇氣與中庸。若只擁有超自然德性，而不具備自然德性，會太過盲目；若只擁有自然德性，不具備超自然德性，則會太過嚴苛尖銳。

除了亞里斯多德的著作，十一世紀末的西歐也重新挖掘出六世紀查士丁尼皇帝（Emperor Justinian）下令編纂的羅馬律法，而且歐洲第一所大學波隆那大學的建立正是為了研究羅馬法（沒錯，歐洲最古老的大學就是法學院）。世俗統治者和教宗都以羅馬法為基底制訂法律，阿奎那視羅馬法為人類理性法律的典範，努力想展現羅馬法和《聖經》啟示的法律有多吻合。阿奎那主張人類理性法律和神聖法律都源自上帝的永恆律法，但我們無法直接看到上帝的永恆律法，只能透過人類良知的自然法和《聖經》的神聖法間接理解。阿奎那認為人類天生都內建良知，能區別善惡，此外，上帝在《聖經》揭示了許多基本的道德真理，在《舊約》當中的摩西律法以及《新約》當中耶穌提到的誡命，都已有記載。既然人天生都有良知，為什麼還需要《聖經》律法呢？阿奎那說明人的良知不是絕對可靠，在做出特定的判斷時可能會出錯，有時也可能因為文化而蒙蔽雙眼，所以《聖經》律法可以用來檢驗良知。反之亦然，我們對於神聖法的解讀不一定完全正確，也需要自然良知來檢驗。於是，上帝提供人類兩種獨立的道德指引：自然良知與《聖經》律法。

當然，人類的生活非常複雜，需要比良知和《聖經》更明確的指引。良知告訴我們做錯事就要接受懲罰，需要人類立法者定義什麼是犯罪，後果又是什麼；良知告訴我們開車應該要謹慎，但我們也需要明確的交通規則。類似的分析也顯示基督教會裡人類法律的準則是源自《聖經》中比較一般性的原則，譬如說，《聖經》告訴我們「當守安息日」，而人類法律準則提供了更具體的指引，也就是星期日應該參加彌撒。

阿奎那認為人類立法者必須運用務實智慧，將自然法（良知）的概括原則明確化，轉換為人類法的特定規範。他相信每條人類法背後的道德約束力都是源於自然法良知的道德真理。有效力的人類法可以追訴到基本的道德原則，因此我們有良知義務要遵守人類法。可是，不公正的法律已經違反了道德原則，也就因此失去了道德約束力。

馬丁・路德・金恩（Martin Luther King Jr）著名的《來自伯明罕監獄的信》（*Letter from Birmingham Jail*）中，引用了阿奎那的話來支持自己的公民不服從：「套用聖人湯瑪斯・阿奎那的話，不公義的人類法並非來自永恆法和自然法。」金恩博士認為強制執行種族階級的人類法違反了人類尊嚴，也違反了自然法。

但丁十四世紀的史詩巨作《神曲》（*Divine Comedy*）即是受到阿奎那的影響，戲劇性地描繪了基督人本主義。詩中，但丁在古羅馬詩人維吉爾（Virgil）的帶領下，經歷了地獄與煉獄的可怕，這裡維吉爾就是自然人類理性的象徵。維吉爾一路領著但丁，不過到了天堂之門，但丁必須藉由碧雅翠絲（Beatrice）的引導才能進去，這名女子是基督德性的象徵。自然理性不可或缺，能夠帶領我們走過很長一段的人生旅途，但最後要進入永生時，我們需要信、望、愛。碧雅翠絲幫維吉爾的引導畫下圓滿的句點，就像耶路撒冷讓雅典的成就更臻完美。

阿奎那的基督人本主義與今日的生活息息相關，因為世俗人本主義和宗教基本教義正上演激烈的紛爭。許多基督徒，尤其是在美國，宣稱達爾文的進化論與《聖經》裡〈創世記〉的人類誕生故事水火不容。阿奎那指出，如果照字面解讀，《聖經》裡上帝用六天創造宇宙並不合理，因為太陽到第四天才出現，所以《聖經》裡的「天」並不是真的一天。如果解讀正確，《聖經》和科學並不會互相抵觸。同時，今天有許多世俗人本主義者主張現代科學已經證明了上帝不存在。但這可能嗎？科學不是只能透過觀察和實驗處理實證問題嗎？很顯然地，甚至連科學家都可能對科學做出錯誤的解讀。儘管數世紀以來發生了許多激烈的衝突，阿奎那依然相信信仰與理性、宗教與科學不會彼此排斥，如果會，那就是人類解讀錯誤。上帝在自然之書教我們的道理不會和《聖經》裡的故事自相矛盾。

近代

MODERN

08 愛國者
尼可羅・馬基維利 1469～1527

09 專制論者
湯瑪斯・霍布斯 1588～1679

10 清教徒
約翰・洛克 1632～1704

11 懷疑者
大衛・休謨 1711～1776

12 公民
尚・雅克・盧梭 1712～1778

13 反革命者
艾德蒙・伯克 1729～1797

14 女性主義者
瑪麗・吳爾史東克拉芙特 1759～1797

08 愛國者
尼可羅．馬基維利
Niccolò Machiavelli, 1469 ~ 1527

五個世紀以前，就在義大利文藝復興的顛峰時期，一名失業的前公務員坐在一個小村莊裡一間小農舍的書房裡，這裡是佛羅倫斯南部的聖安德里亞，他將畢生所學的治理之術寫成一部長長的手冊。他希望將這本書送給這座城市的新統治者，這樣他就能重回熱愛的工作崗位。可是君王粗魯地推開這本治國原則的冊子，因為君王對於遭到放逐卑賤官員的思想結晶絲毫無興趣。可是最終這本冊子出版了，就在作者尼可羅．馬基維利過世的五年後，名為《君主》（*Il principe*），也就是《君主論》（*The Prince*）。過去他花了十四年孜孜矻矻，擔任家鄉佛羅倫斯的外交官與公務員，不遺餘力，經常出使歐洲宮廷與領事館，晉見教宗、君王與統治者。這些在麥第奇家族眼中都不重要，照樣推翻了馬基維利忠心輔佐的佛羅倫斯共和國，他也遭遣散、逮捕、折磨並放逐。馬基維利曾遭到六次吊刑的折磨，這種酷刑是將人的雙手反綁在滑輪上，滑輪固定在天花板，高高吊起後向下，使關節脫臼。然而，馬基維利卻以十分令人欽佩的態度面對這段經歷，甚至為此寫了一些幽默的十四行詩。後來，佛羅倫斯新任統治者的叔叔被選為教宗，大赦天下，馬基維利才免於一死。不過，看起來馬基維利還是心懷怨懟，雖然文藝復興時期政治圈裡的酷刑並不少見，而且他自己在《君主論》裡提倡的手段甚至更加嚴厲，但被捕迫使他離開活躍又熱愛的政壇，還不得不離開愛得「超過自己靈魂」的城市，幾乎讓他無法承受。馬基維利十分懷念充滿刺激與冒險的精彩城市生活，鄉村步調對他而言太過無趣沈悶，了無生氣。只好藉由閱讀和寫作度過千篇一律的生活，追追畫眉鳥，或是和當地的旅店老闆玩西洋雙陸棋殺時間，才能不去想那單調乏味的鄉下生活。

雖然住的地方離佛羅倫斯政治中心舊宮只有非常小的一段距離，而且不久前才在那裡工作過，可是被流放的馬基維利感覺自己簡直是住在無人的荒島似的。他跟姪子承認說，自己雖然身體健康，但「其他各方面」都生病了，因為他和心愛的佛羅倫斯分開了。他也向朋友抱怨說流放讓他「漸漸腐朽」。馬基維利是非常忠心愛國的佛羅倫斯人，有權有勢的羅馬貴族喊出兩百達克特金幣，希望聘請他擔任顧問，被馬基維利一口回絕，因為他只願意為自己的家鄉服務。雖然晚年短暫重獲重用，但能發揮的空間十分有限，只能說他的黃金歲月已經結束了。有個著名的傳說描述馬基維利臨終前躺在床上，夢見自己選擇待在地獄，與古代偉大的思想家和統治者談論政治，也不願到天堂忍受乏味的日子，只有良善與正義相伴實在乏善可陳。

狹義來說，馬基維利並不算是哲學家，甚至也稱不上思考特別有系統的思想家。一五一三年匆忙完成的《君主論》並不是十分嚴謹的哲學研究，但或許也能稍微解釋為什麼這本書可以持續受到歡迎。這本書在政治思想的著作中占有崇高的地位，對政治生態的普遍特性提出犀利的見解，作者的觀點大膽鮮明，原創性十足。

馬基維利廣為人知的形象，就是個殘酷的現實主義者。他建議統治者將倫理放一旁，無情地追逐政治權力，後來他的名字也成了形容詞，很少有作家能得到這樣的待遇。這個形象或多或少出自於《君主論》，裡頭容許謀殺、欺騙與戰爭作為合法的手段，統治者可以藉此掌握權力、獲得榮耀。馬基維利譴責奪權的暴君，他們的政權殘忍且短暫；讚揚建立長治久安國家或帝國的政治家，這些政治家為數不多，但能榮耀加身。不過，對馬基維利來說，擁有權力但缺乏榮耀也遠比落到政治史常態的「失敗」來得好。歷史上充斥著失敗的政客、政治家和統治者，這些人要不是沒看懂政治生態而失去權力，就是看懂後卻不願配合或無能為力。

不同於柏拉圖或奧古斯丁，馬基維利不會提供讀者一個「想像的共和國」，而是在他近距離觀察過後，告訴我們政治血淋淋的真實相貌。事實上，柏拉圖、亞里斯多德和奧古斯丁都曾深入政治圈，也十分理解殘酷的現實。確實，在《政治學》中，亞里斯多德便列出了暴君掌權的所有作為，這份清單包含了所有馬基維利推薦的手段。不同的地方在於古代人認為殘酷與不道德會招致自我毀滅，但馬基維利認卻為這些行徑可以自保。在馬基維利心中，不夠殘忍最終會走上政治失敗一途，而在義大利的文藝復興時期，不夠殘忍往往等於自掘墳墓，提早退場。他本人不僅生活在義大利文藝復興的顛峰時期，也親眼目睹了政治的現實無情。這是個文化繁華、政治動盪的年代，有米開朗基羅（Michelangelo）這樣的藝術家，也有切薩雷・波吉亞（Cesare Borgia）這樣的政治人物。《君主論》尖銳無恥的內容震驚了當時的社會，馬基維利提議的手段令人咋舌，像是誅殺統治者的整個家族。他在書中提倡的，都不是常見的政治操作方式，例如針對策略提出建議。

儘管如此，馬基維利也不是簡單地認為政治為了追求有效，不管是否情願，都一定得罔顧道德。政治的現實通常是殘酷的，統治者常需在惡與惡之間做選擇，而不是在善與善或善與惡之間抉擇。在這樣糟糕的狀況下，不管多殘酷多厭惡，捨棄大惡選擇小惡，才是符合道德的行為。這是政治倫理經典的兩難題目，稱為「髒手難題」（the problem of dirty hands）。政治人物常常會面臨這種狀況，也就是所有的選擇都有不同程度的道德瑕疵。完成《君主論》不久後，馬基維利寫了《李維論》（*Discourses on Livy*），裡頭就描述了這樣的難題，他也簡潔地表明了自己的立場：「就算行為是錯的，結果還是能幫他脫罪。」的確，對馬基維利來說，一位執著的統治者如果為了避免更大的惡，而犯下邪惡的行徑（如欺騙、酷刑與謀殺），還是值得大家欽佩與尊重。**馬基維利是倫理結果主義者，主張結果可以合理化過程中的手段**，他不像一般人一樣，認為耍手段的人是無德邪惡之徒。不過，他提倡要依據政治目的重新定義道德，這和將道德放一邊以達到政治目的的想法相反。在政治環境裡，過分在意手段是否正當，往往不利政治目的，這點對馬基維利至關重要。

馬基維利在托斯卡尼區皮斯托亞市的一個小鎮裡，清楚體認到這個事實，這點他在《君主論》裡就有提到。這裡當時是佛羅倫斯的殖民地，鎮裡被兩大家族勢力撕裂，已到內戰的邊緣，所以佛羅倫斯派馬基維利去調停。他回報說事情已經到了難以收拾的地步，佛羅倫斯應該強制介入，可能還有流血的必要，但當局不採納他的建議，因為擔心招致殘酷的罵名。馬基維利的擔憂很快就成了事實：皮斯托亞陷入混亂，而且持續蔓延，如果當初佛羅倫斯聽進馬基維利的建言，及早強力介入，就只會是小惡，而不是後來嚴重暴力與極度破壞的局面。呼應哲學家凱・尼爾森（Kai Nielsen）說的：「如果只能從惡與惡之間做選擇，人就絕對不會錯，因為選擇比較輕微的惡一定不會錯。」有時為了避免更大的惡，必須做出令人反感的行為，以求得一個好的結果，這在道德上是正確的，甚至可說是義務。因此，馬基維利才會說，如果統治者是為了避免更多的殘酷憾事發生，才選擇殘酷的行為，那就是明智地「善用」殘酷，這種預防性的殘酷是「君王的慈悲」。馬基維利的政治是一種節約的暴力：成功的君主在對的時間以適當的比例做出殘忍的行為，以保全國家，審慎運用較小的惡行，抑制更大的惡行。

馬基維利《君主論》裡十分重要的創新思維，就是重新定義德行，包含無情、狡猾、欺瞞、願意做出傳統上視為罪惡的行為等，他認為這些德行和取得政治成功所需的特質和技巧同等重要。古羅馬政治家西塞羅的《論責任》

（*De officiis*），是文藝復興時期最廣為傳閱並翻抄的古典拉丁文集，但馬基維利摒棄了西塞羅提倡的古典理想美德。西塞羅主張統治者必須具備美好的道德特質才能成功——堅守智慧、正義、自律、勇氣，當然還有正直。對西塞羅來說，如果相信「自私利己與美德互相衝突」，則這個信念不僅錯誤，還會侵蝕公共生活與道德規範。在文藝復興時期的歐洲，這種理想的政治觀因基督信仰而強化——基督徒相信死後會面對神的審判，人要為生前的罪惡與不公的行為負責，而且人間最重要的美德不能缺少信、望、愛。馬基維利認為西塞羅和基督教的道德觀太僵化，不實際，造成的危害會比預防的危害多。有政治的世界是不完美的，由狼性一般的人主宰，怯懦如綿羊般固守道德原則只會招致災難。馬基維利筆下的人類「忘恩負義，善變不定，說謊矇騙，害怕危險，貪想收穫」，因此必須以其人之道還其人之身。他的政治學是「大男人」政治學，最大的獎賞將會賜給最大膽的賭徒，也就是那些建立新政權的人，而不是為了自己穩守權力的人，因為他們沒有創造任何新創或持久的事物。馬基維利拋棄基督神聖天命的概念，擁抱異教命運和時運的思維，他眼中的德行屬於「陽剛」，時運則屬「陰柔」。《君主論》中有個很有名的段落，他將時運描寫成女性，真正具男子氣概的男性如果要貫徹自己的意志，就要強行「征服」時運。傳統上，時運的代表是女性（幸運女神），通常被描繪成懷抱好意的騙子。在馬基維利的筆下，時運成了善變、惡毒的女神，破壞人類的計畫還樂在其中，帶來混亂與不幸。不同於基督教宣揚要遵從上帝的旨意，馬基維利主張「有德」的統治者能透過流血、無畏與剛毅，至少在某程度上將自己的意志強加於命運之上。

馬基維利是西方作家中前幾位公開表明「骯髒的手」是政治日常無可避免的情形，而且不避談隨之而來的道德難題。他認為否認這點的政治人物不但不切實際，還可能讓人民承受比必要之惡更大的惡端與苦難。今日的我們應該把這點放在心中：**在指責政治人物的行為時，要知道雖然他們做法在完美的世界裡並不可取，但真實的政治世界並不完美，現實中也沒有完美的政治世界。**有時候，想要做好事的時候，也必須做一些壞事，戰爭即是如此，馬基維利就認為政治也是一種戰爭。當然，義大利文藝復興時的政壇殘酷無情，在今日現代的民主政體和開放社會裡，未必適用馬基維利眼中的那些必要手段。現在有法治與自由媒體把關，人民隨時可以檢視、審查、挑戰並揭露政府的行為。政治人物當然依舊可以說謊、貪污或發動戰爭，躲避監察的機會也很多，但自馬基維利的年代以後，這樣做的風險已經大大提高，這些改變讓《君主論》部分的內容顯得有些過時——當然這種說法也可用來評論所有的政治書籍，畢竟不可能有一本完全完美的書，而且也不是每本書裡面的建議都永遠有用，畢竟還是得把情境考量進去。不過，《君主論》無疑是這類書籍當中的佼佼者。

09

專制論者
湯瑪斯・霍布斯
Thomas Hobbes, 1588～1679

在湯瑪斯・霍布斯的長壽人生當中，決定性事件無疑是一六四二年爆發的英國內戰，當時他五十多歲。在那之前，他活得低調恬靜，自己進行私人學術研究，擔任貴族家庭的教師與顧問。就在奧立佛・克倫威爾（Oliver Cromwell）和支持者起身反抗國王查理一世（King Charles I）時，英國陷入了內戰，從此霍布斯的生活不再平靜。霍布斯嗅到了亂事將近，感到十分害怕，便在家鄉的衝突浮上台面之前，先逃到了安全的法國，成為首批逃亡者。

他已經見識過三十年戰爭（一六一八——一六四八）的可怕，造成了歐洲分裂，死傷無數，因此霍布斯心生恐懼，不想再次經歷可怕的舊事，也無意待在英國。

恐懼一直是霍布斯人生與作品的主題。亞里斯多德認為，人類會走向政治是因為天性使然，再加上對正義的熱情所致。但霍布斯相信，把我們推向政治的是對自然狀態的恐懼，我們哭喊著逃離了政治尚未成形的野蠻世界，奔入能保護我們免於恐懼的制度。霍布斯主張，激情主宰了理性，而恐懼是所有激情中最強烈的感受。霍布斯出生在英格蘭的那一年，西班牙無敵艦隊入侵他的國家。當時有人寫道，在一五八八年四月五日早晨，霍布斯的母親「聽聞西班牙人入侵，受到驚嚇而開始陣痛」，因此霍布斯相信自己有個雙胞胎手足，名叫恐懼。

克倫威爾打敗了國王（霍布斯一開始是支持國王的），封自己為英格蘭的「護國主」，此時霍布斯悄悄從法國返回英國，與新政權和平共處。不過，等到克倫威爾過世，新王查理二世（Charles II）回到英格蘭復辟後，霍布斯又再次陷入窘境：他因為遺棄了流亡在外的君主而成了攻擊的目標，而且還被控是無神論者——無神論者在十七世紀的英格蘭是十分危險的。當時他已經因為有別於傳統的政治理念樹立了許多敵人，被視為異端，接受議會的調查。好在他以前的學生新王查理還對老師留有念情，出面保護他。因此儘管身處危險的年代，時時擔心老命不保，還屢屢處於下風，霍布斯最後毫髮無傷活到高齡九十一歲，這在不安定的十七世紀可說是非常難得。

雖然他本人比較膽小，但他的著作卻展現出傲人的智識勇氣，挑戰當時的正統統治觀念。譬如說，他質疑在一個宗教盛行的年代，真的能發現宗教與道德真理嗎？他認為，理性並無法發現客觀的道德真理，「那些聲稱自己十分理性的人，說的其實只是自己的想法」，大家都會說自己喜歡的事物「良好」或「公正」，不喜歡的就說是「邪惡」或「不義」。古典理論傾向訴諸自然正義或自然理性，霍布斯則偏向法律規範，他用不變的測量單位討論正確、美好、公正等道德語言，如：磅、夸脫。自然理性顯然無法定義「真正的」一磅或一夸脫，因為根本沒有這種東西，但在純粹的規範裡，重點不在規範的「真實性」，只在於協議的存在。把以上道理類推到道德、宗教與政治紛爭等議題上，霍布斯認為重點在於這些道德或政教的紛爭必須解決，而不是一味求客觀、正確的解決方式。誰有權力隨心所欲定義一磅、一夸脫，或是美好、公正、正確，誰就是君主。如果我們希望能保有些許的社會和平，就必須接受人類知識的根本限制。理性無法讓我們免於道德、宗教與政治的暴力衝突，只有君主的權力可以保護我們。比起有人指揮下令，霍布斯比較不在意是誰在下令。如果沒有這些下令的人，我們將面臨混亂與死亡。

大家常說霍布斯政治理論的偉大創新之處，就是主張「先求正確，再求美好」。在柏拉圖和亞里斯多德的古典理論中，首先必須定義什麼樣的「美好」能構成美滿富足的人生，確認後，公義會定義什麼樣的「正確」會引領我們通往美好。霍布斯十分懷疑這些人類生命中的美好，所以不接受古典「美好先於正確」的概念。雖然對於人類的美好或美德難以達成共識，但他說，所有理性的人都會同意，暴力死亡是最糟糕的事情。站在這個確切的論點上，霍布斯完成了他的《利維坦》，這是一座全能的國度，名字取自《聖經》裡的海怪。話雖如此，他並沒有全然推翻美好先於正確的概念。他只是反對這個古典美好的概念，並且轉以另一個美好的概念取代，也就是生命本身。霍布斯提出的是單一的美好（生命）先於各種美好的特質，單一的美好容易取得共識，但美好的特質，如：道德素養，我們難有一致的看法。這和蘇格拉底說的相反，他主張「首先要珍惜的不是生命，而是美好的人生」。

生命權是不可剝奪的自然權利，但如果沒有政府，這項權利將會十分脆弱。例如某甲認定的捍衛生命的舉動，在他人眼中卻可能是威脅。反之亦然：某人認定的防衛，在他人眼中則是侵犯。某人懷疑對方的意圖，所以先發制人出手攻擊；同理，對方懷疑我的動機，於是決定主動攻擊我。若沒有君主的權力來節制眾人，則會變成大家你怕我我怕你，人心惶惶，終將釀成暴力衝突。

霍布斯指出，更糟（超級糟糕）的是人類不只「天生不適合群居」，還天生渴望控制、主宰其他人。我們不僅不合群，還是反社會生物。我們也十分貪婪，對名聲和權力的欲望永不滿足，這些欲望「至死方休」。因此，衝突是我們的自然狀態，在這種狀態下，我們將持續活在面對暴力死亡的恐懼之中。此時，剩下的只有政治史前時期的自然狀態，沒有強大的政府施行政令，維持和平。如此不僅無法實現文明的美好，還會永遠活在擔心送命的恐懼當中。人類難以承受這種彼此懼怕、不信任的持續狀態，生命變得「孤寂貧困，野蠻短暫」，沒有理性的人願意處在這種狀態之中。任何理性的人都會願意付出任何代價，甚至是縮短生命，只為了躲避這樣的狀態。

霍布斯認為統治權的建立正是為了使我們免於暴力紛爭，像是讓十七世紀英國陷入內戰的暴力紛爭。這個統治權必須掌握一切必要的威權，用以平息紛爭。就理論而言，這意味著對大學、教堂、家庭、企業與城鎮擁有無限的威權，且有無限的權力去處理不當言論與論述。可是如果宗教、道德與政治討論沒有引發暴力紛爭的危險，霍布斯則認為統治者無權干涉。他也認為人應該享有自由，除非自由會危及我們的性命，而這只有統治者有權利與責任去定奪。理論中的統治權是絕對的權力，但只會在維持和平時出手，否則大家只能各自以自己的方法追求自身的利益。一個強盛的霍布斯式國家不需要很大，過度擴張可能會弱化這個國家，所以應該會是自由主義與威權主義的奇怪組合。

此外，保護自己的自然權利，有時能讓我們違反君主的命令而不違法。霍布斯提倡的極端政治手法，其唯一目的僅在於「在自然衝突的雙方之間，擔任仲裁者或定奪者」並維持和平，所以如果統治權無法保障人身安全，保障人民免於他人或政府侵害，那服從這個統治權就失去意義了。譬如說，如果統治者合法地下命逮捕你，你當然可以試圖逃脫追捕，所以統治者也可以帶著武裝人士執行逮捕。如果統治者判你死刑，而且你也確實犯了罪，霍布斯也相信試圖逃跑是合理的，「因為就算處在統治權力之下，也沒有人願意放棄人身安全的權利」。逃跑當然是死刑犯最理性的行為，因為生命本身是人類所擁有最美好的事物。蘇格拉底遭雅典人判處死刑，卻拒絕逃走，所以從霍布斯的觀點來看，蘇格拉底可能就不是個理性的人了。同樣，如果統治者徵召你去和共同的敵人作戰，你可以拒絕，而且「不會顯得不義」，畢竟當初服從統治者是因為期待對方能護全自己的生命，而不是替他賣命。這裡，我們再次看到威權主義中的自由核心。霍布斯從沒期待或要求人民要為了政治社會，而超脫自然的自利本性，相較之下馬基維利的理想則是人民都極度愛國，奉獻一切就為了公共利益。這些例外的例子讓霍布斯統治權的威權顯得沒有那麼絕對專制。

霍布斯提出了一個幾近全能的統治主權，當成維繫人類和平的唯一手段，也就是利維坦國。這個高度威權主義政治體系的基礎，則是大家都同意被統治（但不是被上帝統治，即使結果同樣都是絕對的權力）。霍布斯確信，理性的人會願意接受統治者的保護，統治者會在穩定的政治秩序當中確保和平與安全，因為另一條路就只能走向戰爭了。戰爭裡「萬人對立」是最糟的局面，因此避免戰爭的代價不算高——縱使必須捨棄其他珍貴的美好事物，接受至高無上的統治者。霍布斯採用了這個極端的政治解法來處理這個極端的問題。內戰讓他回歸政治的根本，刺激他替幾乎是至高無上的統治權說話。對霍布斯來說，統治者唯一且首要的目的就是維護和平，保護人民安全，這樣才能避免社會秩序崩潰。和平與安全是所有美好事物的先決條件，在享受其他美好的事物之前，必須先確保和平與安全。如同現代哲學家伯納德·威廉斯（Bernard Williams）所寫的，**所有國家首先都必須回答一個問題，那就是如何將維護秩序與安全擺第一**，其他事情都要往後擺。

霍布斯的政治思想裡，幾乎容不下理想。他認為理想太危險，會滋養對現有規範與政權的不滿，導致意見分歧，容易釀成衝突，甚至是內戰。這是他鄙視亞里斯多德的其中一個原因，「他是最糟糕的老師」。亞里斯多德認為人類是天生的政治動物，將美德與幸福置於政治的中心，區別「好的」政府形式（亞里斯多德認為好的）以及「有缺陷的」政府形式，而且排除女性參與公共事務。霍布斯認為這些具有影響力的思想不僅錯誤，還會顛覆強大穩定的政府，若沒有秩序一切便難以運轉。在霍布斯眼中，亞里斯多德是無知的無政府主義者，他對正義和美德的思想會讓人對所有不完美的事物感到不滿，可是這將賠上一切。霍布斯相信，思想都伴隨著代價，而且大部分的政治思想具有不好和毀滅的特質，甚至可能帶來危害。不過，**他是西方歷史中頭幾位完全平等對待兩性的哲學家**，他認為沒有女性不能統治的理由。

我們身處的時代深受恐怖主義威脅，顯然霍布斯的政治思想直接說到了許多人的內心深處。隨著暴力威脅的增加（或至少暴力威脅的感受增加），**今日的人很可能願意拿一些美好的事物（例如自由與隱私）來換取安全——而維繫安全是國家的首要任務**。霍布斯很清楚，自己對無限政治權力的主張，只會吸引到理性又害怕死於暴力的人。同時，他也知道有些人並不認為死亡是最糟糕的惡，例如那些願意為信念犧牲的人。面對這些挑戰，霍布斯沒有答案，只是會指責他們不理性，顯然有很大一群人在霍布斯眼中是「不理性的」。這群人願意為了自己的信念殺人或是犧牲生命。他們怎麼會接受利維坦國作為正當的政權呢？

10 清教徒
約翰・洛克
John Locke 1632 ~ 1704

湯瑪斯・霍布斯為了躲避英國內戰逃到了法國，一個世代之後，哲學家約翰・洛克也出於類似的原因棄英國而去，逃亡到荷蘭。當時，洛克是一位擁有醫學學位的牛津學者，擔任沙夫茨伯里伯爵（Earl of Shaftesbury）的私人醫師與秘書，後來伯爵出任英國大法官。可是伯爵不支持統治英格蘭與蘇格蘭的斯圖亞特王朝，因而遭王室懷疑，連帶影響了忠心耿耿的洛克。最後，沙夫茨伯里伯爵逃到了包容清教徒的荷蘭，但很快就過世了，留下在英格蘭脆弱無助的洛克，失去了強大的靠山。接著，有人密謀行刺國王失敗，政府開始嚴打清教徒。風聲鶴唳之下同為清教徒的洛克雖然沒有直接遭受波及，但他覺得身在支持皇室的牛津大學，脖子上彷彿已經套著絞繩了。後來牛津大學發表了一張「應受譴責的教條」清單，並宣稱洛克支持這些內容，他決定是時候逃跑了，於是穿越英吉利海峽，逃到相對安全的荷蘭。

洛克出走恰好坐實了對祖國不忠的罪名，因此政府去信牛津院長，要求大學解聘洛克。牛津叫洛克回來解釋清楚，但他聰明地回了一封信，表明自己是清白的。於是洛克被加入了黑名單——這份黑名單上滿是身在荷蘭的英國名人，都是詹姆斯國王（King James）要求荷蘭驅逐的，因為他們侵害英格蘭的王權。一六八八年，這起事件戲劇性地逆轉，情勢變得對洛克有利：身為清教徒的荷蘭親王率軍攻打英格蘭，推翻信奉天主教的英王，英王倉皇出逃，威廉（William）登基為英王，洛克終於可以安全返鄉。此後他撰寫了許多書籍與文章，提倡宗教寬容，捍衛自由，並推動權力有限的立憲政府。他的思想對美國開國元勛影響尤其深遠（這些人後來也將與英國政權出現摩擦），他們於十八世紀末建立美國政治體系時，在有限政府、自然權利、自由以及私有財等觀念上深受洛克的影響。**今日我們生活的世界，基本上就是一個洛克式的世界，某程度上也是美國式的世界。**

如同年代較早的霍布斯，洛克反思政府性質，開始思考「沒有政府的生活」會是什麼樣子。洛克對自然狀態的假設不是人人對立、可怕的戰爭，這是一直身處恐懼的霍布斯悲觀的想像。洛克用比較溫和的想法取代霍布斯惡夢般的無政府自然狀態，一種不穩定也不方便的情況，但不是秩序混亂與永恆恐懼。他認為沒有政府的生活雖然十分不理想，但勉強還可以忍受。洛克主張我們天生擁有自由的權利，而且擁有身體自主權（換句話說，沒有人天生為奴，這和亞里斯多德的思想相反），如果自私的人類在無政府的環境中互動，紛爭和衝突無可避免，此時會缺乏共同的權力介入仲裁；如果沒有政府體系強制執行法律，保障我們的天賦人權，自由和生命將會十分脆弱。因此，洛克認為儘管政府的存在還算可以忍受，我們還是要追求更好，亦即建立有限的政府維持社會秩序，保障天生擁有的權利。

人會想建立政府，主要是為了「保全自己的財產」，因為在自然狀態下毫無保障，這是洛克最具影響力的政治思想。這裡的「財產」包含生命，因為我們也擁有自己的生命。他解釋說上帝最初「將全世界賜予全人類所共有」，所以個人除了自己的身體外，並沒有擁有其他事物。可是同時，上帝也要求人類要努力征服大地，改善世界，這是為了「生命的利益」著想。清教徒的洛克如此傳道：「汝毋怠惰」，世界的存在是為了「勤奮理性」。將我們的勞力與無用的自然物結合，這些物品將會成為有用的用品，增加我們的財富與福祉。這能將上帝賜予的共有財轉為私有財，這是個人辛勤努力而來的，洛克認為我們能順理成章地擁有以此方法生產出來的物品。我們的私有財不亞於生命與自由，在自然狀態下也十分脆弱，如果遇到不尊重權利的人，大家只能靠自己保護生命、保守財產。洛克主張政府有責任將我們的財產保護得更好，建立司法系統與刑事正義，強而有力地保障天賦人權。我們願意交出自己的權利並遵守法律，由國家裁處犯罪的人，執行自然法則，這些事務交由國家處理會比各自執行更公正、更有效。這就是政府的起源與目的。

私有財十分神聖，但如果有人被迫處於「迫切需要」的狀態（如飢餓），不得不偷取他人多餘的物品時，洛克認為這是例外。他會這樣主張，是因為「上帝不會將人交予另一人任其宰割，因為這個人想要的話，可能會讓別人活活餓死」。所以如果有人擁有吃不完的麵包，你從他那裡偷一條好餵飽自己和家人，洛克會覺得這樣做沒有錯。但在其他狀況下，偷竊是不對的，國家有責任預防或處罰。這種例外的想法，隱含著激進的意涵：現今全球存在許多貧困人口，這條主張給了他們合理的依據，去拿取富裕人口多餘的資源以免挨餓，而數以百萬的人每年都已經在這樣做了。這也似乎暗示了激進的做法，要將財富從已開發地區轉移到開發中國家，而且正正當當。

洛克認為政府是人類基於各方同意而建立的，旨在服務人民利益，這和霍布斯的想法一致，政府不是自然而成（這是亞里斯多德的想法）或是上帝賜予的。洛克偏好有限的立憲政府，而不是霍布斯堅持的絕對政權。沒有政府的生活並不像霍布斯所害怕的那般難以承受，洛克認為不需要將自己全部交給統治者，因為政府可能會對我們施以暴政，甚至比我們在自然狀態下的彼此掠奪還要可怕。因此，洛克認為建立國家的協議應該是有條件的，他的想法和解法都比霍布斯的還要溫和。政權的目的就是要保護我們的生命、自由與財產，如果無法保護這些美好的事物，等於違反了當初建立的協議，此時我們不再有順從的義務。換句話說，在政治社會裡，人民有權反抗統治者。這一論點十分吸引美國的開國元勛，當時國王喬治三世（King George III）暴虐無道，侵害權利，違反了當初建立政府的協議。美國人民認為這是英王在向美國人民開戰，因此他們不再需要臣服於英王。

如同霍布斯，洛克相信政府的合法性來自被統治者的同意。這樣的主張和之前的哲學家比起來大相徑庭，他們眼中的政治是人為的產物，是人與人之間為了改善生活條件而擬制的協議。然而，洛克在這裡和眾多的前輩分道揚鑣，認為應該把統治權力交給選舉而出的立法機構。霍布斯認為君王一人的統治權是至高無上的權力，可以依據裁量權廢除或撤換民主的立法機構。在霍布斯眼中，需要對另一種權力負責的統治權，就不是統治權；若沒有統治權，我們將回到難以承受的戰爭狀態。霍布斯認為解散政府會瓦解社會，但這點洛克也不同意。霍布斯認為反抗國家必定會使整個社會土崩瓦解，這是最糟糕的情況，可是對洛克來說，社會不需要國家將它繫成一體，因此反抗政府並沒有霍布斯說的那樣冒險。

十七世紀的歐洲充滿宗教衝突與暴力情事，霍布斯和洛克都親身體驗過。洛克對於解決紛爭的貢獻就在他影響深遠的著作《論寬容》（*Letter Concerning Toleration*）裡頭。這裡洛克和霍布斯背道而馳，霍布斯主張，若要解決宗教信仰分歧的問題（各信各的教），唯一的解法就是全國人民公開歸向一種宗教，並由教會負責統領（如：英格蘭就所有人都入聖公會）；洛克則主張政教分離（正如他認為武力與信仰要分離），國家應該包容宗教多元，不應試圖強迫信教，靈魂關懷是宗教的責任，不是國家的責任。美國開國元勛就吸收了這點，像湯瑪斯・傑佛遜起草的憲章，就在國家與教會間用法律築起了一道防火牆。然而，洛克一方面提倡宗教寬容，一方面也鼓吹無神論是無法容忍的思想，因為若不相信上帝，就沒有承諾、契約與誓言。他所說的宗教寬容，也不包含羅馬天主教，因為他擔心天主教徒對國家的忠誠，會受到天主教會與羅馬教宗的影響而動搖。洛克的「寬容」十分有限，但有寬容總比沒寬容來得好。

今天我們每天在用的政治語言，如權利、財產、交易與宗教寬容，都能在十七世紀約翰·洛克的著作中看到。雖然到了今天，國家能合法採取的行為，範圍已經大幅擴大，**洛克率先倡導的自由核心，今日依舊以人權、宗教自由與立憲政府等形式存在。**不過，財產無限累積的絕對權利可能對其他重要的權利和自由構成威脅，這倒是洛克所缺少的概念。他的年代工業尚未興起，也還沒到後工業的資本主義時代，無法預見大眾市場在毫無管制的狀況下無限成長，帶來扭曲與墮落。在洛克之後的年代，自由主義已經漸漸適應了資本主義的變化，擴大了國家的角色，導正了市場過剩，也提供福利協助無法自立的人。可是其實洛克希望限縮國家權力，因為可能會對個人產生風險，**現在民主西方世界爭論的焦點就是國家和市場何者的風險比較大**。對十七世紀的洛克來說，答案顯而易見，就像十八世紀起草美國憲法時的人一樣，他們都想將暴政政府的可能性降到最低。但暴政市場的風險呢？我們得從其他地方尋找答案。

11

懷疑者

大衛・休謨

David Hume, 1711～1776

大衛・休謨身處的蘇格蘭不僅是十八世紀啟蒙運動的重要中心，也是虔誠的喀爾文教派社會。休謨是蘇格蘭啟蒙運的重要角色，他提倡宗教寬容、科學與貿易，同時也活躍於哲學家與科學家的圈子，圈子裡都是重量級人士，包含他的經濟學家好友亞當・史密斯（Adam Smith）。休謨對哲學與宗教抱持許多懷疑的觀點，並以這點聞名，他質疑上帝、神蹟、靈魂永在與原罪，也為此付出了代價，捲入十八世紀蘇格蘭的文化戰爭之中。為塞繆爾・

詹森（Samuel Johnson）書寫傳記的蘇格蘭傳記作家詹姆斯・包斯威爾（James Boswell）說，休謨聽到有人篤信宗教時，「他會說那個人是無賴」。

休謨毛遂自薦擔任愛丁堡大學哲學教授時，遭蘇格蘭的神職機構極力反對，而且成功地阻擾他擔任教授，這一點也不令人意外。幾年後，亞當・史密斯離開格拉斯哥大學，休謨又試著想接任哲學教授一職，但他的學術生涯再次遭到宗教勢力的阻撓，他們持續反對這位「無宗教信仰的大懷疑論家」（包斯威爾就是如此形容他的）。這系列的衝突在蘇格蘭教會出手時進入白熱化的階段，教會著手調查休謨的「異端作品」，想開除他的教籍，甚至可能要用無神論的罪名迫害他（霍布斯之前也差點因為類似的罪名送命）。調查指控休謨顛覆宗教，也因此顛覆了道德。這其實很像雅典人對蘇格拉底的控訴。休謨其實不算是無神論者，也從沒有這樣表明過。他是宗教懷疑論者，強烈懷疑上帝的存在，也不相信有辦法理性又確切地肯定或否定上帝的存在。

但他絕對是反對神職體系，嚴厲譴責人類歷史上的宗教組織，認為帶來的傷害歷歷在目，尤其是教條化的一神信仰，像是基督教和伊斯蘭。最後教會撤銷了對休謨的控告，他的生活稍稍恢復平靜，也謹慎地克制自己不要出版攻擊自然宗教的作品（自然宗教就是透過研究自然去瞭解上帝）。今天許多哲學家將《自然宗教對話錄》（*Dialogues Concerning Natural Religion*）視為休謨的傑作，這本書的議題仍然在擁護派與批評派間引起激烈的辯論，爭論究竟什麼是「智慧設計」。

休謨二十多歲完成的《人性論》（*A Treatise of Human Nature*）是他目前最廣為人知的書。剛出版時，該書如同古今絕大多數的學術書一樣，「印製完畢即如嬰兒早夭」，這點令他大失所望。他向一位朋友抱怨，這本書甚至無法「激起狂熱派一點點的騷動」，原本期待他的宿敵宗教狂熱分子至少會因為這本書充滿爭議而加以關注。事實上，那些宗教狂熱分子非常在意休謨的作品，在意到兩度阻撓他的學術生涯，這點先前已有描述。之後，他轉而撰寫長達六冊的《英格蘭史》（*History of England*），結果這套書十分暢銷，休謨以駐法英使私人秘書的身分前往巴黎，在當地成了沙龍爭相簇擁的名人。休謨一生都十分親法，那趟巴黎行中，當時法國重要的思想家與作家都相伴左右。他們暱稱這位豐滿的蘇格蘭人 le bon Hume，也就是「好休謨」的意思，因為他天性友善正直，為人寬容又親切。哲學家伏爾泰（Voltaire）盛讚休謨的《英格蘭史》「或許是有史以來各種語言中寫得最好的一本」。而英國政治人物霍瑞斯・沃波爾（Horace Walpole）相當嫉妒，認為休謨沒那麼令人驚艷，還煩躁地在自己的巴黎日記裡透露：「真不敢相信大家對他這麼的推崇」，接著尖酸地補充說，休謨的法文「就像他的英文一樣難以聽懂」。其實休謨的英文和法文都說得十分流利，但帶有濃濃的蘇格蘭口音，是仰慕者和批評者愛嘲弄的地方。今天，比起《人性論》，休謨《英格蘭史》已少有人閱讀。《人性論》是哲學史上十分重要又具影響力的作品，但他本人覺得還好，他比較喜歡被當作歷史學家，而不是哲學家。他甚至曾想和《人性論》切割，認為那是瑕疵之作。

休謨的《人性論》挑戰了理性在生活與思想中的角色，影響巨大。該書的觀點，和沒那麼懷疑主義的哲學家（如柏拉圖）恰好相反。休謨認為理性在人生重要的目標與問題面前沈默不語，對於瞭解上帝、正義、道德與美麗方面，沒有任何實質上的幫助。他甚至認為「如果我寧願毀滅整個世界，也不願意劃傷自己的手指，這不能算是違反理性」。休謨在懷疑論者眼中是智識英雄，這些人攻擊理性與哲學的矯揉造作，而信仰者則誇大了理性與哲學的比例（有些人會說是荒誕），如黑格爾，之後我們會看到。《人性論》就是要戳破理性泡泡的那根針，休謨將理性描繪成軟弱消極的能力，是「激情的奴隸」，沒有激勵人類對追求的目標採取行動，也沒有引導我們的思想去達成目標。他把思想看做一塊空白的板子，感官印象是刻上去的，我們並沒有內建對於思想的知識，和感官印象以及推斷彼此關係的能力相比，理性是有限的。休謨也沒有把上帝視為道德知識的來源，因為無法證明祂的存在，而且《聖經》的歷史紀錄也不夠可靠。他也否認自然事實會衍生道德價值，認為邏輯上並不可行，這和倫理自然主義者亞里斯多德不同。休謨在《人性論》中指出，人很容易突然從描述性的陳述（例如：她是女的），跳躍到規範性的陳述（例如：因此她不應享有投票權），中間完全沒有連接的論點，完全沒有說明要如何從事實的敘述推演出價值判斷。這個論點非常有名。於是，到今天，從「實然（事實是這樣）」轉到「應然（應該這樣）」的思想跳躍，有時會被稱為「自然主義謬誤」或「休謨法則」。

儘管休謨懷疑前述「從事實衍生價值」的邏輯有效性，他卻提供了自然主義的心理解釋（不是辯解），說明道德情感的存在，並表示這是人類同理心自然自發的的情感。不同於霍布斯，休謨相信雖然人類天性自私，但還是會很自然地將別人身上的感受轉換到自己親身的感受，如：痛苦，他稱這個過程為同理。我們對道德善惡的自然感官就是來自這種天生同理的傾向，同時期的尚・雅克・盧梭也這麼認為，不過盧梭用的詞是「同情」。休謨的意思是我們會自然地贊同那些對自己有益、對他人也有益的特質和行為，因為我們天生擁有同理心。因此，他並不擔心上帝和理性都不是道德的來源，因為同理情感是我們的天性，會支持慈愛的自然美德，像是慈善、仁慈與人道。自然傾向和習性意味著我們在依賴天性作為道德指引時，並不必特別去思考，也不需要上帝或理性做為指南針。雖然聽起來很像亞里斯多德的倫理自然主義，但休謨的論點完全是描述性的，不是規範性的，而亞里斯多德的論述屬於規範性。休謨說明了人類道德行為的存在，而且這些行為顯而易見，但他並沒有多加辯護，沒有說這種行為一定是對的，只說這是自然而生的。如果他的定論是「因為這些行為是自然的，所以這些行為是對的」，那他自己就掉入休謨法則的陷阱了。

對休謨而言，歷史上的人為美德（例如正義）補強了自然美德，這就不是隨自然動機而生的美德了。人類建立人為美德以解決務實問題（如資源不足），以解決我們偏愛比較親近的人所導致的問題（例如社會衝突）。他相信我們對他人自然的慈愛情感有其範圍限制，只會延伸到親近的親朋好友，而我們天生的自我偏好將「永不滿足、恆久不斷、隨處可見、對社會有直接毀滅的影響」。因此，為了弱化並遏止我們的偏心，必須靠著公正中立的正義規範如尊重私有財的權利、信守承諾等。政府是「可以想像的發明中，數一數二美好、精巧的發明」，對於矯正我們的強烈情感十分有用，讓集體生活得以有效運作。休謨反對嚴格的基督教「修士」美德，諸如禁欲、齋戒與苦行；他也反對古典共和主義擁護的嚴苛斯巴達美德，如：馬基維利和盧梭倡導的美德。他偏好能夠撫平我們凹凸稜角的自然美德與習性，讓我們更加柔軟，而不是更加無情，讓生活更簡單更愉快。這種想像十分符合他親和的脾性。

休謨的哲學激進主義使他反對政治激進主義，對一般事物的懷疑態度讓他對野心勃勃的政治計謀與計畫深感懷疑。他對社會的不完美和人類理性的限制抱持務實的觀點，所以比較欣賞溫和務實的改革，也提倡逐步、漸進地去改變政治理想主義與暴力革命（因為不管是性格上還是哲學上，他都覺得自己與政治理想主義、暴力革命這兩者格格不入）。作為一名懷疑論者，休謨對以理性或信仰為訴求的政治原則，保持警戒的態度。他認為叛亂只有在「暴政肆虐無道與嚴重迫害」之下，才能是合理的選擇，而且是不能輕易選擇的方式，只要體制和統治者維持和平狀態，不過分壓迫或剝削人民，人民都應該服從。休謨比保守的政治哲學家艾德蒙・伯克更早一步告誡任何革新派領袖，要「盡量調整自己的創新想法去貼合過往的紋理，保留憲法完整的主要骨幹與支柱」。這樣的保守主義思想讓湯瑪斯・傑佛遜將休謨貼上保守托利黨人（Tory）的標籤，傑佛遜創建的維吉尼亞大學也把《英格蘭史》視為禁書。英國改革派的輝格黨（Whig）也有同樣的想法，將他的《英格蘭史》視為托利黨的政治宣傳。在政壇光譜的另一端，多數托利黨黨員卻也將這本書視為政治宣傳，而且是反托利黨的政治宣傳，托利黨的塞繆爾・詹森批評休謨是「毫無原則」的機會主義者。可想而知，休謨應該會抱怨說他「遭到一連串的批評、反對，甚至憎惡。英國人、蘇格蘭人、愛爾蘭人；輝格黨與托利黨；神職人員與非主流教派；自由思想者與宗教狂熱者，全都因為各自的原因聯合起來，口徑一致地對我表達憤怒」。總體來說，休謨徒勞無功地表明他的政治圖像：「我對事物的看法比較符合輝格黨的原則，我對人類的描述偏向托利黨的立場。」

休謨擁護的是相對溫和的都會社會，這樣的社會在他十八世紀的家鄉愛丁堡蓬勃發展。他相信有禮的陪伴、休閒活動、學習、交易與商業活動都會使人類更加柔和、更有人情味，能夠孕育謙卑與拘謹的性格，減少狂熱與衝突，使生活更可親愉快。下一章要介紹的盧梭完全不這麼認為，所以反對上述內容。休謨贊成新聞自由、宗教寬容以及私人商業，提倡擴大選舉權（雖然不是民主本身），傾向兼容並蓄、憲法平衡、去中心化的政治力量。

大衛·休謨心中有許多慈愛的價值，愛丁堡與巴黎也有與他想法一致的啟蒙哲學家。他同時也是哲學激進派，他的懷疑顛覆了許多理性時代對理性力量與理性重要性的假設，他自己也與理性時代緊密相關。確實，當時有許多評論家深受休謨的啟發，他降低了理性的重要性，強調熱情與感受，認為這些才是人類行為的動機，是我們追求人生目標的信念來源。這樣的懷疑主義讓他在政治上顯得十分謹慎，甚至是保守，但他絕對不是極端的反動派。

保守態度已有久遠的歷史，休謨也是其中一員，認為若想從具體的歷史條件當中汲取出抽象的思想，並將政治理論化，這樣充其量也只能說是沒用的，更糟的是還可能招致危害。

人類這個物種的歷史，不管是十八世紀前後，很可惜地幾乎都沒有什麼能反證休謨對理性的懷疑論點。另一方面，沒有多少證據能證明人類天生富有同理心與慈愛心，也沒能證明人情味和文明化對貿易和商業的影響。在這些議題上，休謨的懷疑主義似乎棄他而去。**他深信人類天生就是溫和高尚的，但歷史上人類的愚蠢與殘酷都歷歷在目，他這個信念又站不住腳。**不過，整體來說，**休謨健康的懷疑主義和學問的謙虛謹慎可以幫我們遠離最糟糕的愚蠢決定，**尤其是政治太常犯下這樣的錯誤了。

12

公民

尚・雅克・盧梭

Jean-Jacques Rousseau, 1712～1778

一七四二年，沒沒無聞、一貧如洗、尚未有任何著作出版的盧梭來到了巴黎。這位三十歲的日內瓦男人僅受過一點點正規教育（雖然他飽讀詩書）。母親生下他不久後便過世了，從事製錶業的父親在他年僅十歲時就拋棄了他。在往後三十六年的有限生命裡，盧梭成為了暢銷小說家與成功的歌劇作家，著作等身，書籍與文章主題涵蓋教育、倫理、音樂、宗教、語言、政治、經濟，甚至植物學。他與伏爾泰翻臉，成為歐洲極富盛名的人，還擁有自己的一票追隨者。這一路往上爬，著實令人驚嘆。十八世紀末，盧梭的遺體遷往巴黎萬神殿，搬遷大典由激進的革命份子雅各賓派負責，這些人稱盧梭為「法蘭西革命之父」。盧梭的墓就在老宿敵伏爾泰的對面，誰也無法安息。二十世紀時，有人把浪漫主義、無政府主義、民族主義，甚至是極權主義都算在盧梭頭上，認為都是受到他的影響（就算真的不是他造成的）。盧梭依舊是思想史上重要的思想家，影響深遠，極具爭議，而且作品廣為流傳。

盧梭曾經形容自己是「悖論者」，這一點也不令人感到驚訝，因為他提倡過「強迫自由」（強迫他人獲得自由），這是很有名的主張。他寫過盧梭與尚・雅克的哲學對談，這兩個人老是意見紛歧。在養育兒童的書中，他提倡母乳親餵與家長陪伴，不過他自己的五個孩子都在嬰兒時期被送到了育嬰堂（他們在那裡都活不久）。他宣稱自己「極其厭惡革命」，但卻啟發了法國大革命的領導階層，如羅伯斯比爾（Robespierre）與聖茹斯特（Saint-Just），兩人都將盧梭視為英雄。盧梭常常被歸類為十八世紀啟蒙運動的重要哲學家，參與了編纂《百科全書》（*Encyclopédie*）的大成之作，不過，他常常肯定無知，也認為藝術與科學的養成對道德有害。十八世紀時，許多女性和貴族是盧梭熱情忠誠的擁護者，但其實盧梭本人性別歧視很嚴重，而且曾公開表明不喜歡也不贊同富裕的「顯貴人士」（他厲聲開砲：「我討厭他們的階級、冷酷、偏見、器量狹小，還有其他所有的缺點」）。在當時，盧梭是十分令人敬重又文筆流暢迷人的作家，但他只稍微接觸過正規教育，妻子是不識字的裁縫師；他提倡言論審查，尤其是針對莫里哀（Molière）的戲劇，可是他自己也承認：「他的戲劇表演我一場也沒有錯過」；他是廣受歡迎的作家與音樂家，卻崇尚古代對寫作和音樂零容忍的斯巴達；他也是當時有名的作家，但卻說「我討厭書本」，還宣稱書本「一點用都沒有」。

如同洛克，盧梭生來就是喀爾文新教派，也是堅定的自然神論者，因此當然成了天主教會的敵人，可是他的自傳參考的卻是聖奧古斯丁的《懺悔錄》（*Confessions*）。他和聖奧古斯丁一樣，對現代文化的影響遠遠超過了政治思想。他創造了一種新的現代感受力，一種新的思考和感受方式。比起古典的美德，我們今日更重視真誠與真實，大多是受到他的影響。當時的人將他否認原罪的觀點，以及他所主張的人類自然美善的準則，都視為是反基督的，也因此導致盧梭相信，一切邪惡的根源都來自社會腐敗。作為漸進式教育的創始人，盧梭主張孩童應該接受自然教育，而不是讓人寵壞。他不受社會墮落的規範約束，餓了就吃，累了就睡，穿著不合時宜，許多文雅的巴黎人都視他為野蠻人。他鄙斥財富，認為財富會侵蝕道德品性，所以選擇過著儉樸的生活。盧梭是第一位攀登阿爾卑斯山只為了欣賞景色的人，那些啟蒙時期的巴黎人十分驚愕，覺得這只是更加印證了他的瘋狂。

盧梭最有名的政治書籍《社會契約論》（*The Social Contract*）甫公開就遭到巴黎高等法院的抨擊，被列在梵蒂岡的禁書表上，加入了邁蒙尼德、霍布斯、洛克以及休謨的作品。這些狀況都在意料之內，盧梭自己也覺得毫不意外。可是當他的書在家鄉日內瓦也成了禁書時，他又驚訝又錯愕，官方將書本焚燬，而且揚言如果這本書的作者再次踏入這座城市，就要逮捕他。盧梭十分受傷，他一直以身為日內瓦公民為傲（他在書上的簽名都會加上「日內瓦公民」這幾個字，至少在市政府禁了他的書之前都是這樣），而且他表示自己一直視城市的憲章為典範。盧梭覺得這都是伏爾泰的錯：伏爾泰反教權，當時住在日內瓦附近，是他煽動了邪惡的宗教偏執同夥，而他們握有城市的大權。後來連比較自由寬容的阿姆斯特丹都封殺了《社會契約論》，似乎整個歐洲都聯合起來排擠盧梭，他只好在各國間流亡，一度考慮自殺，絕望中還搬到他鄙視的英國，他寫道：「我從來都沒喜歡過英國，對英國人也沒有好感。」即便如此，在幾乎沒有國家願意保護他時，英國還是給予了盧梭庇護，像英國之後保護馬克思一樣（但這兩個人都沒有表示過一丁點的感激）。盧梭甚至拒絕國王喬治三世的金援，休謨還從中協調，但就像盧梭之前拒絕國王路易十五（King Louis XV）一樣，他再次謝絕金援。這人真的很會樹敵。

《社會契約論》是盧梭最歷久彌新、廣受閱讀且影響深遠的書，雖然在他生前並非如此。這本書已經連續再刷了兩個半個世紀，激發了好幾世代的民主人士與激進分子，當然也激怒了傳統流派與保守人士如艾德蒙・伯克，之後我們就會看到。這本書融合了古今元素，從十八世紀出版以來就難以歸類，令詮釋者十分苦惱。盧梭在其中制訂了「政治權利原則」，以作為政體的根基。

盧梭的政治理論起源和霍布斯與洛克相同，都從人性天生自私與假想的自然狀態為出發點。這方面他十分現代。就像他十分欣賞的馬基維利一樣，盧梭的政治模型也參考了古代的範例，因為他們最瞭解如何培養個人強大的公共精神，而一般人天生缺乏這些精神。不過，霍布斯和洛克認為要維繫政體的話，這種精神沒有必要，他們認為理性的自利性格就足以產生連結；但盧梭相信除非社會成員將公共利益視為自身利益，否則社會將陷入萬人對萬人的鬥爭。他最推崇的政權就是以此為標準，如：古代斯巴達與羅馬共和。盧梭是「擁有古代靈魂的現代人」，半接受半拒絕現代思想。

《社會契約論》的第一章裡，他宣稱「人生而自由，但所到之處都有枷鎖束縛」，這是十分有名的言論。盧梭從來沒有想要斷開政治與生活的連結，讓人類回歸前政治自然田園生活的意思，這和許多作家的主張相反，如伏爾泰。相反地，他展現了這些連結的合法存在，使政權與人民不至於疏離。若政權與人民疏離，本質上就是專制暴政，政權便不具正當性，只是在強制施加於民。盧梭認為「公民」就是立法守法的人，這是他心中唯一合法的政治形式，也是自由與守法彼此妥協的唯一解，每個人「只服從於自己，而不向他人低頭，大家就能像以前一樣自由」。美國開國元勛如詹姆斯．麥迪遜等人根本不信任政府，因此刻意設計了薄弱的政治體系，還需受限於監督與制衡；湯瑪斯．傑佛遜也相信「好的政府就是管得少的政府」。然而，盧梭主張要合法地擴大政府，不要限縮。確實，限制合法的政府就是限制政治權利本身，這和正義相反。盧梭反對湯瑪斯．霍布斯的原因和洛克不同，盧梭不是因為霍布斯捍衛絕對政權而反對，而是因為霍布斯維護不合法的政權，所以洛克比較受美國革命領袖的喜愛，盧梭則比較獲法國大革命激進分子的青睞。

根據盧梭的看法，統治權應該和人民站在一起，以「大眾意志」的形式展現，這應該是法律正當性的來源。大眾意志不是只是自私個人意志的集合，只有當人民將大眾的共好置於個人的私好之上，才能展現出來。然而，盧梭認為這種公眾精神完全是不自然的，必須經由人為培養，透過體制與實踐「將人轉為公民」。其中最有名的就是公民宗教，這是一種國教，使個人「熱愛義務」，對政權的義務大於個人的義務，這是他從共和派馬基維利的身上學到的。他們都相信基督教完全不適合這種形式，因為基督教「只推行奴役與臣服」。事實上，盧梭認為「沒有比基督教更不符合社會精神」的宗教了，也沒有其他宗教比基督教「更容易滋養暴政」。難怪《社會契約論》會成為基督教喀爾文派日內瓦和天主教巴黎的禁書。

還有一種方法可以讓天性自私的人類心中只想著公共利益，那就是盧梭口中的「立法者」，這是另一個他和馬基維利想法一致的地方。這些立法者為數不多，會乞求上帝說服人類將他們自身的利益置於公眾利益之後。盧梭用摩西當例子，摩西自稱上帝頒給他戒律，利用這些戒律將當時一盤散沙的猶太人集結為團結的國家。

儘管盧梭給人的印象是天真又不切實際的理想主義者，但他很有自知之明，清楚《社會契約論》裡提出的政治原則幾乎不太可能被現代社會採納。只有古希臘常見的城邦才有施行的可能，這些城邦規模小，關係也比較緊密；現代歐洲的國家規模大，組織也比較複雜，盧梭認為這些國家已經腐敗到難以救贖的地步了。事實上，他認為現代歐洲只有科西嘉島有可能推行他的政治學說，所以就算盧梭能活著見證法國大革命，而且之前也已經精準地預測了「革命年代」即將席捲歐洲，他還是很難相信這場革命能落實他的理論。

盧梭從他沈浸其中的啟蒙文明中感受到疏離，在他人生最後的十年裡，這份疏離顯得更加明確。在這澈底腐敗的年代，很明顯他是為了維護自己的尊嚴與美德，選擇完完全全地離群索居，他的結論是社會「已經沒有救贖的希望了」。雖然他從和自然的連結中獲得了一些滿足，但盧梭在最後的日子裡完全與政治絕緣，而且變得十分悲觀。盧梭並沒有完成遺作《一個孤獨漫步者的遐想》（*Reveries of a Solitary Walker*），不過從中可以看到，他可能認為逃脫文明，遁入田園的遺世獨立，才是有德者真正的唯一選項。盧梭對蘇格拉底感同身受，他自認是一位好人，只是身處扭曲的時代，遭受攻擊，承受誹謗，因為同時代的人被自身的缺陷蒙蔽了雙眼，看不到他的美好。這樣的形象也存在他長久以來的比喻中，他把自己比喻成一隻需要不斷叮咬刺激政體的牛虻，像蘇格拉底一樣，他們都是社會的批判家。

如果把盧梭的思想看作一個瘋子的胡言亂語，那就大錯特錯了，過去幾世紀以來，詆毀他和與他為敵的人就犯了這個錯誤。他十分古怪，而且常常很難搞，還很容易偏執，這些都毋庸置疑，也確實有許多十分有勢力的人處處針對他。雖然盧梭離群索居是個人的選擇，但這不僅僅是對那個時代的反動。他文字的力量與流暢啟發了往後好幾個世代的人，這些人並不合群，對社會感到不滿，有反叛者，也有邊緣人，生活在現代，他們同樣對這個世界感到深深的不安，在各個層面都是。

盧梭對於現代思想非常重要，**「用現代概念的真誠與真實，取代了古代的美善與罪惡」就是他的影響之一**。如果我們努力面對真正的自己，行得正坐得直，而不是仿效古代先賢，那無論如何我們就都算是盧梭的追隨者。**另一個影響深遠的地方就是他強力有理地捍衛人民主權，認為人民才是政治合法性的最終來源，人民的意志得以無條件地引領國家**。這樣的民粹思想深得普羅百姓的心，他們對貪腐自利的菁英感到厭煩，於是法國大革命啟動了十八與十九世紀的歐洲革命列車。近年來民粹政治回歸，體制犧牲多數利益，獨厚有權有勢的階級，民怨日益增長，社會越來越不平等，**盧梭的時代又回來了**。

13

反革命者
艾德蒙・伯克
Edmund Burke, 1729～1797

法國大革命在一七八九年夏天爆發前夕，艾德蒙・伯克六十歲，已經擔任英國國會議員超過了二十五個年頭。之前他因理念和主流民意背道而馳，失去了布里斯托的議員席次。伯克反對英國對待美國殖民地的方式，提倡自由的玉米市場，也提倡與愛爾蘭自由貿易以及解放天主教（他在愛爾蘭出生長大，母親是天主教徒）等想法。他曾試圖彈劾孟加拉貪腐的總督，譴責死刑，反對毫無限制的皇權，贊成廢除奴隸制度。顯然伯克不是冥頑不靈的保守分子，法國大革命爆發時，他一開始的反應符合他在國會倡議的「自由」理念。起初，他寫說巴黎的事件是「絕妙的壯觀場面」，這種精神「實令人欽佩」。然而不久後伯克加入了反革命陣營，怒不可遏地反對法國大革命，驅使他寫下《反思法國大革命》（*Reflections on the Revolution in France*），對革命提出嚴厲的批判，這本書至今仍是他最著名的一本書。當時，伯克所屬的輝格黨有多數人並不樂見他對法國大革命的批評，而且許多人對於伯克強烈的反對立場感到震驚，畢竟他長期捍衛比較不受歡迎的自由思想。湯瑪斯．傑佛遜認為伯克的《反思法國大革命》證明了他「思想敗壞」。不過，和伯克的悲觀態度相比，在法國大肆慶祝的自由主義者現在看起來反而顯得天真：在動盪開始之初、革命還是由溫和派領導之際，伯克就已預見最後會演變成恐怖主義、弒君動亂、大規模屠殺、無政府混亂，最終更開啟了獨裁專制。

伯克的思想與立場十分複雜矛盾。作為愛爾蘭人，他支持英國的憲政主義；身為自由主義者，他對法國大革命的抨擊影響深遠；屬於中產階級，他為貴族特權辯護；他厲聲批評貪腐的印度殖民政府，卻接受政治獻金而在國會代表兩個「糟糕的行政區」；他有新教背景，卻捍衛英國國教的歷史特權，也協助法國四面楚歌的天主教會。

雖然伯克的《反思法國大革命》聚焦在法國大革命，但也能跳脫當下的事件，呈現出一個更廣泛的政治與社會概念，然後加以解說，可說是保守觀點中十分重要又論述性強的作品。他表示，隨著法國局勢越演越烈，自己「因擔心才被迫開始反思」，開始思考政治生活應遵守的基本原則。保守派先天上並不會對政治進行哲學思考，因為保守派的基本信念之一，伯克說，就是「概括性的抽象原則，在政治上是很危險的」。他相信當理論與實務結合時，麻煩通常都已近在咫尺，就像當時英吉利海峽對面的法國情勢一樣。他認為，政府治理的藝術基本上是偏向務實的，而非理論的，所以治理時應該採用逐漸演變而來的傳統習俗與作法，這樣比較好，不要拿著那些據稱是出於理性、激烈又不切實際的理論來進行改造。一切的政治作為都應該接受「會引發出善，還是誘發出惡」的可能性評估，而不是評估有多真或有多假，後者符合哲學標準，但不符合政治現實。「在任何道德和政治議題上，都無法找到確切的理性通則」，伯克是這樣說的，但他沒有實踐也不是很相信這個道理。

不過，伯克確實確立了部分自然正義與公平公正的普世原則，在這些原則之下，他嚴厲譴責了英國在愛爾蘭、印度與美國的殖民政策。可是伯克不認為人可以簡單地直接從人類的抽象權利推展到適用各地的理想政治憲章，然而他的朋友兼評論家湯瑪斯．潘恩卻認為可以。人類對正義原則的知識往往還處在試驗階段，非常容易出錯，所以我們必須仰賴特定的風俗傳統，以詮釋這些抽象概念，引導實踐。每個社會都有自己對正義、自由與平等的詮釋，譬如說，伯克認為人類權利早已體現在一二一五年英國《大憲章》（Magna Carta）裡的慣例與法律權利中，所以他認為美國殖民地的人心生不滿是合法的，因為他們依據的是古老的慣例權利，只是中央集權的英王並未尊重這些慣例。他提倡循序漸進的演進，認為這是防範流血革命最好的方式。「一個國家如果沒有改變的方式」，他說「就會像沒有保全自己的方式一樣」。而這裡的改變，伯克指的是小步前進：微調、細修、改善原有歷史慣例的結構，同時也保存核心精華。

伯克認為，關鍵的問題不是政治體制是否符合某些抽象理想，而是在實務是否可行，亦即能否在當下的情境中維持長期的和平、秩序以及好的政府。時間是唯一可靠的檢測方式，單憑時間就可以確定一套政治系統是否真正有效耐久。伯克相信英國已經高分通過檢測了，或許比任何其他社會的表現都來得好，現在應該要保護好自己，不要被法國氾濫的革命傳染了。反觀法國大革命領導階層的信念就是建築在「真理，而非現狀權宜」之上，但悲劇的後果可想而知。正因為如此，伯克才不認為柏拉圖理想的哲人王是該有的治理模式，畢竟政治應該要解決當前的實際問題，而不是抽象的邏輯問題。柏拉圖相信長期學習數學是啟蒙政治領導的必要前提，伯克大概會覺得非常荒唐。這點他比較接近亞里斯多德，亞里斯多德十分明確地區別智識素養與務實素養，強調彈性務實勝過哲學思考。審慎是伯克心中最重要的政治素養（亞里斯多德也有同感），這不僅是政治素養的第一要點，也是「政治素養裡最高的指導、規範與標準原則」。

伯克的《反思法國大革命》比較了兩種革命型態，一種他支持，一種他反對。一方面，伯克和洛克立場一致，贊同一六八八年的「光榮革命」，荷蘭信奉新教的女婿罷黜英國與蘇格蘭信奉天主教的詹姆斯國王。另一方面，他抨擊一七八九年的法國大革命，這場革命以「人權」起義，推翻舊皇權。

這裡伯克是在回應傳教士理查・普萊斯（Revd Richard Price）備受歡迎的一篇布道，布道中他說法國大革命是早先英國革命的延續與延展，且英法這兩場革命都展現了啟蒙精神以及自由與進步的普世價值，應該受到歡迎與鼓勵。但在伯克眼中，法國大革命與光榮革命完全相反，溫和的光榮革命才是他和普萊斯所共同肯定的。伯克同意洛克，讚許一六八八的光榮革命保全了英國的古老憲章，免受專橫的詹姆斯國王、狂熱保皇黨以及天主教支持者的專制侵害。伯克深信英國國會組成的政府在國王、上議會與下議會間能達到微妙的平衡，這種平衡是經過數個世紀緩慢漸進的試誤經驗、妥協與實用主義的協調，才演化而成。對他而言，傳統英國政治的優勢顯而易見，就藏在近乎完美的憲章之中，完美地契合英格蘭自身（如果不是整個大不列顛）的狀況，若要調整，必須心懷慎重與謙卑，唯有如此才可進行。一個有智慧又謹慎的政治人物應該「有策略又審慎地」處理歷史悠久的制度與慣例，借鏡歷史與經驗，而不是只仰賴人類與社會的普世教條。另外，洛克認為光榮革命展現了抽象原則，那就是「政府的存在應該奠基於被統治者的同意之上」，這點伯克強烈反對。

伯克認為法國大革命完全是另一回事，而且更加危險。這是「哲學的革命」，充滿抽象、烏托邦與普世價值，如同病毒一般會自發地跨界蔓延，所到之處的政體都會遭到感染。就性質而言，一六八八年的光榮革命是一場有限的地方革命，並未擴及他地，不同於一七八九年的法國大革命；就本質而言，光榮革命只是對基本穩固的政治系統進行良性的修正，而不是澈底的轉變，法國大革命則是一種激進的新型態革命，是「一場教條與理論學說的革命」。一七八九年後的法國已經成了「哲學共和」，負責統治的「哲學領主」既自大又死守著抽象的第一原則。這群「形上學政客」的狂熱腦袋都遭到啟蒙哲學家的思想和價值汙染，諸如伏爾泰、盧梭、孔多塞（Condorcet）、達朗貝爾（d'Alembert）、狄德羅（Diderot），這些人都是伯克在《反思法國大革命》裡加以批評的人物。伯克是第一批出面批評法國大革命的人，譴責上述哲學家的思想造成了一七九〇年代法國政權與社會秩序的崩潰，這種觀點在往後數十年間越來越受歡迎。伯克的書極力推廣這種觀點，告訴大家啟蒙思想是釀成法國大革命的主因。

伯克將選舉而出的民代角色分為兩種概念。第一種是「代議士」，在國會為選民發聲；第二種是「委託人」，憑藉自己的良心與判斷決定何者對國家是最好的選擇。在一場伯克對布里斯托選民發表的著名演講中，他向選民保證，作為國會的一員，他永遠會像委託人一樣遵從自己的良知，而不只是當個代議士，結果選民立即用選票把他趕出國會（但一個月後，伯克輕鬆突破困境，資助人協助他在約克夏郡馬爾頓這個「糟糕的行政區」參選成功，所以這場委託人風波對他來說再也構不成任何問題）。伯克堅稱國會的每位議員在深思熟慮後，必須只考量「一個整體國家的單一利益」，而非受制於特定代表區的意見與偏好。很諷刺地，這與法國大革命新政權的想法不謀而合，他們的第一版憲章就明確禁止代議士只把心力放在選區的選民。一七九〇年的英國只有百分之五的人口有選舉權，身為菁英階層的伯克認為，現實對這樣的制度十分有利。不過站在民粹主義角度的盧梭就覺得，這只是證明了英國骨子裡根本是專制統治。**這兩種概念的優缺點，到今天凡是研究民主政治的人依舊在討論。**而且如果要二選一，許多政治人物竟表示自己是代議士也是委託人，真的是很不可思議！

伯克在《反思法國大革命》裡，針對法國大革命之外的事件也展現了預言能力，可適用到其他地方。他瞥見了一個新興、粗鄙的歐洲時代，由「哲學家、經濟學家、算計人士」主導。在他生活的時代裡，這樣的趨勢才剛萌芽；在我們生長的時代裡，這樣的趨勢已然蔓延。**他對「野心肆意增長、不**

管情境逕將抽象理論套用到日常政治」的情況提出警示，他也對政治整體抱持懷疑態度，強調社會生活的複雜與脆弱，這些不僅適用於之前的時代，至今依然適用。伯克強而有力地侃侃而談，指出從事改革時必須心懷謙卑，這是至關重要又恆久不變的政治智慧。然而，伯克對巴黎革命分子既恐懼又厭惡，這點似乎讓他天真地相信，傳統威權的菁英以及新興的有產仕紳應該會好心地照顧到所有人的福祉（這點其實是英國政治文化的特殊之處，幾乎無須特別強化就會如此發展，過去現在都是）。這種敬畏式的遵從引來卡爾・馬克思的批評，輕蔑地說伯克是在「阿諛奉承」。不過，這樣的批評早在馬克思之前一個世代就有人說過，也就是與伯克同期的瑪麗・吳爾史東克拉芙特，因為伯克的政治懷疑主義有時候無法令人信服，就好像是取巧之下的選擇而已。

14

女性主義者
瑪麗．吳爾史東克拉芙特
Mary Wollstonecraft, 1759～1797

瑪麗．吳爾史東克拉芙特三十三歲時隻身坐船前往法國，當時她一貧如洗，單身未婚，十分樂觀（有人說是天真），曾在英國擔任家庭教師以及學校校長。抵達法國時，她支持的法國大革命正進入最暴力最極端的階段，她這種行徑等於是追著暴風眼在跑。當然她早已習慣逆勢而行，她所處的社會並不認可獨立的女性作家，也反對性別平等運動。而現在，吳爾史東克拉芙特自願前往颳起歐洲革命暴風的中心。到達巴黎時正好趕上國王處決，後來她記錄下當時的場景，國王在前往斷頭臺的路上「經過了我家窗戶」，共和派的吳爾史東克拉芙特意外地被這場景深深震撼，寫信給朋友說：「看到路易（Louis）坐在前往刑場的出租馬車上，展現超出我期待的無比尊嚴，我的眼淚不知不覺就掉了下來。」不久之後，輪到她自己要擔心掉腦袋了。法國向英國宣戰不到兩週，數百名在法國的英國人遭到逮捕，以間諜、反革命罪嫌囚禁起來。就連激進的英裔美國人湯瑪斯・潘恩也被當局抓起來——他可是法國的榮譽公民，積極支持法國大革命，而且還被指派為巴黎國民公會的一員。吳爾史東克拉芙特和潘恩站在同一陣線，兩人是好友，因此她有充分的理由擔心自己也會被關起來，甚至是處決，畢竟當時法國充滿暴戾之氣。

然而，潘恩和吳爾史東克拉芙特都熬過了隨之而來的「恐怖統治」，那時雅各賓派使用「人道的」殺人機器，也就是斷頭臺，肅清了成千上萬名「國家公敵」。「只要一想到血跡玷汙了巴黎追求自由的初衷」，她哀傷地寫給友人：「我就感到萬分悲痛。」但吳爾史東克拉芙特對法國大革命基本原則的信念依舊堅定不移，或許可說是堅不可摧，甚至在一七九四年寫了《法國大革命起源與進程的歷史與道德觀點》（*An Historical and Moral View of the Origin and Progress of the French Revolution*），說明並解釋自己樂觀的想法，認為在這段恐懼與放肆的日子之後，將迎來「理性和平的政權」。可惜的是，吳爾史東克拉芙特對人性的希望，並沒有出現在自己的生命當中。在寫下這些振奮人心的文字一年後，她兩度因感情心碎試圖輕生。最後，吳爾史東克拉芙特終於在無政府主義哲學家威廉・戈德溫（William Godwin）身上找到慰藉，可惜這段戀情也不長久。結婚幾個月後，吳爾史東克拉芙特生下了女兒瑪麗（Mary），隨即因為生產引起的併發症過世了。他們的女兒是《科學怪人》（*Frankenstein*）的作者，長大後嫁給了浪漫詩人伯希・比西・雪萊（Percy Bysshe Shelley）。吳爾史東克拉芙特過世時才三十八歲。

瑪麗・吳爾史東克拉芙特搬到法國那一年時，出版了最為人所知的著作《女權辯護》（*Vindication of the Rights of Woman*）。該書內容驚世駭俗，因為那時歐洲的女性沒什麼法律上的權利，不能參與公共生活，深受社會禮教束縛，難以追求事業發展或選擇職業，而且女性大多侷限在家庭生活，沒什麼教育也無法學習任何事物。女人結婚後，她的法律權利幾乎都歸丈夫所有，因為傳統觀點認為婚後夫妻的法律人格已經合一。因此，吳爾史東克拉芙特常將家庭生活比喻為「鍍金的籠子」，在這座「監獄」裡，多數女性無法完成自我實現，她自己就深受其害。這也是為什麼她無視當時加諸在女性身上「要結婚生子」的龐大社會壓力，拖到死前的最後一年才結婚。在吳爾史東克拉芙特成為成功的作家前，她只能做著一些瑣碎小事以求餬口，而這些工作又限制了她天生的才華與抱負。譬如說，在一個愛爾蘭有錢人家裡當家庭教師，令她覺得屈就又壓抑。身為一個毫無資源的女性，自立追求作家夢，獨自面對所有阻礙，既勇敢也十分危險，因此吳爾史東克拉芙特本人和她的著作一樣，啟發了後世的女性主義者，她也被視為現代女權思想之母。

吳爾史東克拉芙特最暢銷的書《男權辯護》（*A Vindication of the Rights of Men*）出版三周旋即銷售一空，這是她的第一本政治作品。書中用樸實穩定的中產階級（基本上是新教徒）口吻，提倡這個階級的美德，如勤奮、節儉、謙虛與自律。書中也讚揚啟蒙運動的價值，如：理性、進步與自由，同時反對艾德蒙・伯克《反思法國大革命》肯定傳統、肯定貴族特權與世襲王室的觀點，認為《反思法國大革命》裡的文字神經兮兮又太過華麗，甚至有些陰柔。吳爾史東克拉芙特在著作裡，並沒有提供讀者有系統的純原創政治理論或綱領。她比較不像狹義的政治哲學家，反而比較像公共道德學家，在風格上比較不像湯瑪斯・霍布斯，而是偏向激進的湯瑪斯・潘恩。吳爾史東克拉芙特相信這個社會道德淪喪，導致社會充滿愁苦與虛偽（這個觀點很像盧梭），所以她支持法國大革命。她認為除非進行根本上的道德重整，否則政治革新無法切中要害，也不會持久。而道德重整的起點，就是改變對待女性的態度。

吳爾史東克拉芙特的女權論點挑戰了公私領域分離的傳統——這個傳統觀念可以追溯到亞里斯多德，且幾乎滲透了整個西方史的政治思想。在吳爾史東克拉芙特的論述中，可以看到未來二十世紀女權運動的口號「個人即政治」。她認為，那些傳統的「非政治制度」（如婚姻與家庭），正是壓迫女性的真正根源，且這些非政治制度又與保守的政治議題直接相關，所以她才會主張社會態度也是政治論戰的一環。雖然政治權利是必要的，但這還不足以解放女性，同時也需要文化與道德更多層面的根本轉變。對吳爾史東克拉芙特來說，需要澈底翻轉對女性能力的傳統價值，推廣法國啟蒙哲學家所提倡更廣泛的道德革命，才是有意義的政治改變。儘管吳爾史東克拉芙特熱烈支持法國大革命，但現實讓她的期待落空，女權並沒有多大的進步，這場革命並沒有增加女性的政治權利，更別說建構更寬廣的社會革命去處理性別議題了。吳爾史東克拉芙特相信要改變政治場域的公民關係，必須先從根本上改變私人領域的夫妻關係，正如同政治應該建立在兩性平等的公民友誼上。她譴責傳統的婚姻，認為這是「合法的性交易」；她批評女性的普遍形象，將女性描繪成丈夫被動無聊的裝飾品，妻子必須依賴丈夫，讓丈夫開心是女性人生的首要目標。吳爾史東克拉芙特希望各領域中男女都是平等的，因為若某個領域的性別還是不平等，勢必會影響到其他領域。她認為法國大革命是一個好的起點，但離解放女性還很遠，因為她們再次被排除在公民權之外。

吳爾史東克拉芙特《女權辯護》的主軸點出了教育、養育與家庭生活在在教導女性要取悅男性，降低且窄化了女性的思考能力。這些都使女性成了「感覺的生物」，而不是有知識的人類，她們過度感性，理性思考不足，心智被塑造成相對軟弱又發展不足的狀態。女性外顯生活的不平衡，反映了內在生活的不平衡。吳爾史東克拉芙特曾寫過，她希望能說服女性「變得更男性化」，意思是希望能擴大並強化女性的心智，才可以像男性一樣為自己發聲行動。傳統的女性形象強調柔軟優雅與肉體魅力，吳爾史東克拉芙特認為這些特質弱化了女性的身心，才會需要依靠男性應付家庭之外的生活。吳爾史東克拉芙特質疑傳統的性別概念，批評傳統的公私領域分明，這在當時非常的前衛。事實上，一直要到二次大戰以後，西方社會的女權運動才會開始興起。

吳爾史東克拉芙特鼓吹從根本改革女性教育，認為這是進一步政治解放的關鍵。她第一本出版的書是《女教論》（*Thoughts on the Education of Daughters*），提供務實的建議，建議女性讀者用中產階級穩健的價值養育兒女，諸如誠實、自律與理性。雖然吳爾史東克拉芙特擁抱盧梭兒童中心的漸進教養原則，但她批評分性別而教、依性別而教的觀點，《女權辯護》裡也有許多篇幅挑戰盧梭對待女性的整體態度。儘管盧梭的政治和教育觀點走得比較前面，但他公私領域嚴格分野的觀念卻是西方思想的主流，同時也堅持公私領域有各自需依循的原則。盧梭認為女性天生缺乏正義感，會對公領域構成威脅，因此只能關在私領域。對此，吳爾史東克拉芙特的回應是，如果盧梭認為女性缺乏正義感，那只是因為傳統上禁止女性進入公領域，因此難以發展正義感與政治素養。這是後天教養有問題，不是天生有缺陷。吳爾史東克拉芙特強烈反對傳統性別導向的教育方式，贊成男女合校的單一制度，就像柏拉圖在《理想國》中的做法一樣。對男孩女孩的教育都應該強調分析思考和實務技巧，不論性別，人人才會都有能力離家獨立生活，進而擴大積極參與並實現公民義務的意願。吳爾史東克拉芙特堅持在公領域盛行的自由與平等精神應該擴及私領域的婚姻、家庭與工作，必須公私領域兼具，這是盧梭和法國革命派沒能理解的道理。

從十八世紀末之後，西方以及其他許多地方的女性政治地位已經全然改變。現在兩性擁有正式平等的公民權，享有法律上同等的權利與自由，但吳爾史東克拉芙特認為這樣還不夠。完全解放女性還需要更多文化層面的革命，以及對待女性態度的全然改變，包含確立性別概念。她希望女性能享有和男性同等的教育資源和生活選擇，兩性追求富足人生的機會才會均等，也同樣有機會能完全發揮潛力。之後我們會看到，這也是約翰·史都華·彌爾在十九世紀晚期努力提倡的概念，只是不怎麼成功。不過，吳爾史東克拉芙特認為兩性本質上並無差異，至今仍是大家爭論的議題，尤其在女性主義圈子裡討論得更加熱烈。十八世紀時，吳爾史東克拉芙特挺身對抗傳統人士，這些人主張兩性本質上並不相同，合理化差別（或差勁）待遇。今天，部分女權人士針對本質差異的爭論提出想法，批評吳爾史東克拉芙特不應該告訴女性「要變得更男性化」。這場論戰至少在某程度上與現代科學有關，因為這涉及事實，也涉及價值。吳爾史東克拉芙特相信理性與科學，可以確定的是，她至少會希望我們繼續保持開放的態度，看看理性與科學會告訴我們什麼關於性別的事。

15 純粹主義者

伊曼努爾・康德

Immanuel Kant, 1724 ~ 1804

伊曼努爾・康德出生在普魯士的柯尼斯堡（Königsberg，今俄羅斯的加里寧格勒），就在波羅的海沿岸，他在這裡度過了人生的七十九個年頭。這個城市後來在二戰中幾乎全毀，不過他在世時據說很少離家太遠。他終身未婚，過著僧侶般恬靜的生活，毫不引人注目，每天的行程固定不變。就在康德七十歲時，一封信打破了他平靜的生活：國王在信中斥責康德對宗教的文字批評。當時普魯士和革命狀態的法國正在交戰，政府上下十分緊繃，於是積極打擊異議言論。康德同情法國大革命，發表了反對神職的言論，國王下令不准康德再發表或是公開談論宗教議題。「如果不從」，政府警告這位孱弱的教授：「你將會為你的冥頑不靈付出不愉快的代價。」康德屈服了，但只到國王去世為止。

康德的屈服令許多人感到訝異與失望，因為看起來他背叛了自己對個人自由和真理的堅定信仰。身為公民與哲學家，他認為應該可以自由地運用理性啟迪民智，公開批評既有的權力與法律，就像我們今天會說的：「面對權力，勇敢說真話。」不過，在公立大學教書的康德也是一位公務員，所以覺得應該服從國王的命令，就像士兵必須遵從指令一樣。面對在個人權利與公僕義務之間拉扯的人，康德建議「想討論多少就討論多少，想談論什麼就談論什麼，但是要服從！」實務上來說，這裡的意思是指心智可以自由地跟隨理性，但最終必須遵守制訂的法律和政府的命令，即使規定與真理相互矛盾也一樣。

將歷史倒轉，兩千年前蘇格拉底也面臨類似的兩難局面，他在捍衛真理的哲學家與守法的雅典公民間掙扎，如同康德的遭遇，蘇格拉底也夾在哲學與政治相斥的理念之間。蘇格拉底選擇繼續公開講述哲學，最後被市民判處死刑，因為他藐視雅典神祇。同樣地，康德也因為抨擊普魯士國家的宗教而遭到威脅要「付出不愉快的代價」。當時友人提議安排蘇格拉底在行刑前逃獄，這位哲學家卻拒絕了。蘇格拉底說他還是有尊重法律的公民義務，這些法律讓他能以公民的身分享有長期的和平與自由，就算這些法律現在要他的命也一樣。蘇格拉底和康德無政府主義思想的程度不相上下：可以爭論，但要服從！

雖然康德是啟蒙運動的一員，支持自由、開放政府與個人權利，但他認為在任何狀況下，革命都不會是正當的選擇。不論統治權制訂的法律為何，都必須遵守，因為反叛就是破壞法律秩序，像霍布斯說過的，即使是爛國爛法都好過無國無法。政府可以也應該接受批評，但絕對不可以被推翻。對康德來說，因暴君而揭竿起義是錯誤的，而且是「錯到最高點」，這個論點和洛克完全相反，洛克主張若統治者違反當初建立政治社會的約定，人民就沒有義務繼續服從，但在康德眼中，這是嚴重叛國，應處以死刑，那些沒有鼓吹推翻體制的觀點才能見容於社會。康德在這點上十分明確：「即使最高威權的暴虐難以忍受，人民還是有義務概括承受。」

不過，康德認為沒有統治權可以高過道德法律，道德法律禁止統治者命令或逼迫公民做出不道德的行為，如：說謊與謀殺。統治者應該接受普世權利原則的評判，也應該接受公開批評，但人民必須向他臣服。順著康德的邏輯，他認為即使政權可以也應該接受道德評判，統治者也不應因為頒布不公法律或是做出錯誤的政治行為而受到處罰。雖然道德是個人責任，國家沒有義務監督推行，但康德筆下的文字還是認為國家的行為應該符合道德精神。「真正的政治」，他說：「如果沒有心存對道德的敬意，就不該輕舉妄動。」

那什麼道德法律是所有人（包含統治者）都必須遵守的呢？我們又怎麼知道呢？康德認為這普遍存在於人類的理性之中，所以所有理性的人都有能力知道。因此，至少對人類來說，這是普世價值，動物不是理性的生物，所以道德對他們不直接適用。理性就存在於我們的血液中，所以我們十分獨特，應該要尊重彼此，也應該自重，不要將他人當作達成目標的手段，人類本身就是目標。康德讚揚盧梭，認為是盧梭讓他知道所有人類天生都有尊嚴，他說「是盧梭灌輸我正確的觀念」。康德認為我們不是從實務經驗習得這樣的概念，而是透過理性而得，因此立即可知、無可否認。道德對我們施加了絕對的義務，絕對不能利用他人（包含自己）達到目的，因為這樣是物化人類，而沒有尊重他人獨特的性格以及作為理性的存在。政府有義務頒布符合道德準則的法律，但即使統治者違反了這個原則，人民也沒有任何合理的理由可以起身反抗。

康德是道德絕對主義者。道德是由理性下達給我們的指令，所以道德是無條件的，意思是在任何狀況或情境下，人人都需遵守。這種規範沒有例外，邏輯和數學也是，因為它們都是「理性事實」。情境與道德無關，道德由完全的法律約束建構而成，單純又絕對，所以康德堅持權利「永遠都不會配合政治，但政治永遠都應該配合權利」。縱使道德「界線裡」的謹慎與彈性十分重要，但康德道德宇宙環繞的政治容不下對原則的權宜、含糊與妥協，譬如說，他主張說謊是不道德的行為，所以不論後果為何，「任何狀況下」都不准說謊，因為後果與道德無關。對康德而言，道德的重點是良善的意志，這是每人內在的修為，重點不在於好的結果，因為結果是外部的事物，我們無法控制外部事物，因此不用對後果負責。然而，馬基維利認為謊言是君王每日不可或缺的工具，可是即使說實話會造成大量傷亡，或是危及自身或國家，康德都絕對禁止說謊。當然他又進一步闡述：他十分贊同拉丁片語 *fiat iustitia pereat mundus*，「讓正義得以伸張，即使世界將因此被毀」，認為這是「正確的充分原則」。這和馬基維利的主張，簡直是一百八十度的相反——如果你還記得的話，馬基維利寫說如果君王犯罪，「就算行為是錯的，結果還是能幫他脫罪」。即便如此，康德允許人保持沈默，保留真相，這是道德容許的範圍，只不過在任何情況下都還是不能說謊。

康德強烈反對家長式治理，因為政府會為了人民好，迫使他們做出違背意志的行為，就像立意良善的父母常常對待子女的方式一樣。康德之所以反對，是因為他尊重人類尊嚴，而尊嚴是唯一毫無條件的美好天性。家長式治理不論有多少啟蒙和慈愛的元素在裡頭，依然會是「想像中最專制統治」的一種，因為這種方式將理性人類視為達成目的（人的福祉）的手段，而不是將理性人類視為目的本身。基於同樣的理由，康德主張國家不需插手保障人民的福祉與幸福，這和亞里斯多德（還有後來的瑪莎・努斯鮑姆）的主張完全相反，亞里斯多德相信政治生活的最終目的就是保障人民的福祉與幸福。康德認為幸福是模糊主觀的概念，不像理性是客觀絕對的概念。因此，政治論述應該建立穩定的法律與制度框架，讓個人能用自己的方式過著道德生活，追求幸福，這種觀點大大影響了二十世紀晚期的自由思想，後面我們還會看到。對康德來說，一個公正政體的憲法會在保障他人自由的前提下，給予人類最大限度的自由。政府必須積極保障個人自由，要做到這點，有時需要強制移除阻礙才行，譬如說，逮捕威脅他人的人，不准他享有行動的自由。這就是康德口中的「阻礙『妨害自由的阻礙』」，也就是運用法律強制力提升自由。這或許也可以證明福利政策的合理性，只要這些政策不要像家長式治理那般強行加諸在接受者身上，就能支援因無法自助而享有較少自由的人。

康德的道德觀如此強烈，導致他對民主制度打上大大的問號，這或許並不令人驚訝，他說民主「必然是專制統治」。這裡的「民主」是指直接參與式的民主，像古代雅典施行的制度，而不是今天典型的代議民主。康德十分在意要保障個人的權利與自由，不受任何專制干擾，這點和十九世紀的自由主義者雷同，如：約翰·史都華·彌爾和阿勒克西·德·托克維爾。康德偏好有限的憲政國家，政權受合乎道德規範的法律約束，人民的公民權不受專制權力控制，也不受「思慮不周的廣大群眾」控制。儘管康德十分敬仰盧梭（他的書房只掛著盧梭的畫像），他並不贊同盧梭的民主觀點，因為很容易淪為暴政。康德眼中最理想安全的政府就是立法與行政分立，混合權力、自由與代議（非直接）的民主制度，如此一來，只有少數獨立有財產的男人（女人不行）得以積極參與立法流程。話雖如此，康德十分慷慨地允許女人擁有「被動消極」公民身分的可能性。在這點上，康德十分接近保守的休謨，離民粹的盧梭比較遠。

這種民主政治的法律需遵守道德規範，但對長年處於戰亂的國家來說，風險很大。因此，康德提議所有的國家都應該組成一個世界組織，致力維護永久和平。他表示所有人都有道德義務來實現這個理想，因為這是唯一符合普世道德法律的組織，畢竟道德法律支配著我們的理性。康德十分樂觀，認為經過時間的洗鍊，不管多麼緩慢，世界歷史都會向前推移，持續往和平的方向邁進。對於一個從未離開波羅的海安全舒適學術圈的人來說，這樣的想法並不意外。

康德的道德理想主義對現代學術哲學家十分具有吸引力，如：約翰·羅爾斯，他同樣安身在新英格蘭的學術世界裡寫作。羅爾斯的《正義論》（*A Theory of Justice*）十分具有影響力，在二十世紀末掀起了康德文藝復興，稍後我們會看到這段。事實上，當代道德與政治哲學的辯論術語基本上都出自康德的著作，至少在西方世界是如此。這些著作走出象牙塔後，**當今國際法律與政治論述中的全球正義與人權議題，依然在大聲呼喊著康德的語言**。在一個不斷遭戰火、剝削與暴虐摧殘的世界裡，康德天賦尊嚴的基本信仰十分誘人，可是他無法完全擺脫休謨的影子，休謨的懷疑主義依舊深深影響著他。我們很難把康德的理性信念當作絕對道德真理的可靠來源，就連他都承認，信念的根本基礎還是個謎。許多懷疑論者在他的普世價值裡觀察到一些非常狹隘的觀點，非常不利於他對道德純粹的追求。例如康德堅信理性要求我們遵從絕對的道德約束，但在這樣的框架下，政治或社會系統該如何運作？譬如說，完全禁止說謊，「完全沒有權宜空間」，很可能會導向政治災難，或者會把所有的政治人物都變成偽君子。馬基維利說過，出於道德因素，說謊是政治不可或缺的日常；康德則說，出於道德因素，謊言不見容於政治。一方覺得政治人物必須不斷地說謊，另一方認為政治人物絕對不能說謊。這兩個極端中間還有許多空間，讓道德與政治交鋒。

16 煽動者 湯瑪斯．潘恩

Thomas Paine, 1737～1809

湯瑪斯．潘恩是當時革命派最有影響力、擁有最多讀者的人，他強烈反對君主制度，卻也公開反對處死國王，使得自己差點因此被斬首，真是十分諷刺。雖然潘恩高度支持廢除君主制度，但他反對將遭到罷黜的法國國王送上斷頭臺。他建議將國王流放美國——這樣的處罰，不管是當時還是今天，對許多法國人來說都比上斷頭臺還要糟糕。法國革命政府因為潘恩的反對立場和其他種種原因，於是逮捕了他，把他關到監獄裡，而且是屬於預定隔日要送上刑場的那批囚犯。這批囚犯的牢門有粉筆標記，讓獄卒知道誰被判了死刑，隔天早上就會來送這些人走上斷頭臺的最後一程。用粉筆標記的那晚，潘恩的牢門恰好是打開的，所以沒有被粉筆標記到，第二天押解死刑犯的時候，他關緊的牢門上並沒有明顯的標記。就這樣，純粹的運氣使得他的命運和其他人不同。判他死刑的激進革命分子很快便被溫和的革命派推翻，潘恩正是溫和派的支持者，被關押了將近一年後，他出獄了。潘恩非常支持法國大革命，和他的朋友瑪麗・吳爾史東克拉芙特一樣，即使經歷了瀕死的遭遇，信念依舊沒有動搖。

和吳爾史東克拉芙特一樣，潘恩投身巴黎的革命衝突，他的煽動性手冊《人的權利》（*The Rights of Man*）賣得比早先出品的《常識》（*Common Sense*）還要好，《常識》是為捍衛美國革命寫的作品。如同吳爾史東克拉芙特的《男權辯護》，《人的權利》也是直接反擊艾德蒙・伯克對革命的批判。

伯克論點的激烈程度令潘恩感到震驚。潘恩認識伯克，而且非常喜歡他，伯克還稱潘恩為「偉大的美國人」，至少在法國大革命之前是如此。然而，法國大革命將潘恩與伯克推向對立的兩邊，就像革命把新的政治圈分為「左」與「右」一般，過程中，這兩人在政治思想相左的傳統上都提出了強而有力的主張。

潘恩對當時政治事件的影響真的非常大。光是在美國，他的書籍與手冊就有幾十萬名讀者，當時的人口也才兩百五十萬。而且這些作品推動了北美英屬十三州殖民地與法國的革命。即便如此，他依然十分謙遜，而且堅守原則，不收這些作品的版稅。潘恩能以非常通俗的說法傳達前衛的思想，這方面他十分有天分，語言簡單又激勵人心。後來當上美國總統的約翰．亞當斯（John Adams）對潘恩的形容也只是稍微誇大了一些：「如果沒有潘恩的筆，華盛頓的劍就白揮了。」潘恩一七七四年離開祖國英國，前往賓州，可以說是對的人在對的時間帶著對的訊息來到對的地點，更重要的是，他用的是對的表達方式。

值得注意的是，潘恩抵達美國的時候，正值叛亂前夕，三十七歲的他沒有受過什麼正式教育，還只是個無名小卒。一個世代以前，身無分文的盧梭抵達巴黎，兩人狀況十分相似。一七七六年《常識》出版，就在革命爆發初期，這本手冊一鳴驚人，幾乎是一夕之間，潘恩從籍籍無名到聲名大噪。他從英國帶來了自己的激進政治思想，北美十三州殖民地居民反抗的憤怒情緒高張，引發了深深的共鳴。

潘恩用直率激烈的語言告訴殖民地居民，君主制度是不合法的政府，容易淪為貪腐與暴政的溫床，北美應該完全與英國切割，建立新的共和，由人民當家作主。面對暴力，潘恩並未退縮，依舊朝目標前進。他認為美國革命在世界史占有舉足輕重的地位，影響遍及全球。自由、平等與民主是革命的基石，也是普世價值，所以潘恩支持革命，而且認為大家都應該支持。他寫道：「讓我無法自拔地支持革命的不是地點，也不是人民，而是理念本身。」他站在反抗者這一邊，因為他們的理念也是「全人類的理念」。這就是美國「例外主義」的雛形，例外主義相信美國的建立是人類史上全然的創新，任務就是帶領全球走向自由與共和主義，這在潘恩移民的美國依然是很盛行的概念。潘恩勸告讀者要完全揮別過去，在北美這裡「再次從零創立新世界」，懷著理性、平等與自然權利，建立全新的政府與社會型態。他在一七七六年預言了「新的世界即將誕生」，預測若殖民地居民成功地建立新的政府系統，體現這些原則，那麼「這整個世代就相當於是未來新世界的亞當」。

唯有還權於民才是唯一合法的政權，這是潘恩攻擊君主制度與貴族政體的核心價值，這點和盧梭想法一致。潘恩反對設立教育與財產的投票門檻，這在當時是十分前衛的立場，不過他差點就去提倡直接民主或普選。潘恩和美國與法國的革命派都認為只有男人才能有投票權，這一點，他的朋友吳爾史東克拉芙特也無法讓他改變想法。潘恩比較偏共和，而不是民主。以十八世紀的概念來說，就是他支持人民選舉代議士的權利，而不是支持人民直接參與治理。他也希望人民的主權意志應該受到國家目標的約束，才能保護成員的自然權利。這點潘恩比較接近洛克，而不是盧梭，盧梭認為共同意志是絕對的。然而，潘恩的共和代議政府甚至對多數美國的開國元勛來說都太無法接受了，如詹姆斯・麥迪遜，麥迪遜十分恐懼暴民統治，偏好由政府施行廣泛的檢驗與制衡，抑制民眾意志的力量。約翰・亞當斯抱怨潘恩的想法「太過民主，沒有任何限制，甚至也沒有試圖維持平衡或抗衡，勢必會造成困惑以及邪惡的情事」。

在革命的議題上，潘恩贊同洛克，反對霍布斯，霍布斯主張沒有政府就沒有社會，推翻政府會摧毀社會，陷入人人對立的局面。然而，潘恩和洛克認為社會不是依附政府而存在。社會自然地會為了更加滿足我們的需求而興起，而政府是人類後來增加的組織，藉由「遏止我們的惡習」，來保護大家不受他人侵害。潘恩認為社會是祝福，政府是「必要之惡」，沒有政府的社會不僅可以存續，在國家踐踏自然權利時，甚至會是更好的選項。這時政府就成了非必要之惡，應予以移除，必要時，可使用武力廢除政府。對潘恩來說，自然權利是「固定穩定的原則」，可以用來判定任何政府的合法性。

如果政府是因保護自然權利而生，那麼這些權利又是從何而來的呢？潘恩認為上帝是來源，如同美國《獨立宣言》（Declaration of Independence）著名的字句：「這些真理不證自明，人生而平等，造物主賦予人類不得剝奪的權利，包含生命、自由與追求幸福的權利。」這也顯示了潘恩的觀點，他認為政府的道德基礎在根本上是神聖的，但他否認其中牽涉了信仰行為。潘恩很樂觀地相信任何傾聽「理性與自然單純聲音」的人都會直接認識上帝與道德，不受情緒、偏見與習慣蒙蔽，可是這些全是伯克十分珍視的元素，而且伯克認為這些特質對社會與政治秩序十分關鍵。

如同啟蒙時期多數的重要作家一樣，潘恩是一名自然神論者，相信存在著一位普世慈愛理性的造物者上帝。他嚴厲批判有組織且公開的宗教，這些宗教的信仰不是基於理性或證據，但理性與證據是潘恩心中知識的真正泉源。他對基督教的嚴厲批評後來重創了自己在美國的聲譽，他在一八〇九年過世前幾年回到美國，那時一波宗教熱潮正席捲這個年輕的國家。正因為潘恩反基督教，很多人指責他是「骯髒渺小的無神論者」，後來成為美國總統的老羅斯福（Theodore Roosevelt）就是如此稱呼他，但其實潘恩反無神論也反宗教狂熱，他甚至協助在法國創立了一座新的自然神論教會，就是宗教博愛教會。他使用十八世紀對自然神論流行的辯護來證明上帝的存在，如設計論點（今天稱為「智慧設計論」）。休謨的《自然宗教對話錄》對上述思想提出很有力的批判，如果潘恩有讀過這本書，那他似乎對內容沒有什麼印象，從他撰寫的《理性時代》（*The Age of Reason*）可見一斑，他持續堅持自己的道德觀和宗教觀。這實在很可惜，因為休謨早就已經嚴厲批判過潘恩道德與政治原則的宗教立論基礎了。

不過，休謨和潘恩都認同商業是人類社會主要的文明動力。他們都樂觀地相信，如果政府提出司法管制與糾正，市場的力量將調和競爭利益，整合社會，增進人類福祉。潘恩和休謨都期待商業能促進國內凝聚與國際團結。潘恩抨擊「政府貪婪的手」，「伸到業界的各個角落與縫隙，掠奪眾人的果實」。這十分諷刺，因為作為一位年輕的英國人，潘恩曾經擔任國王喬治三世的稅收員。潘恩的敵人可沒有放過這點，逮到機會就大肆批評他明顯的偽善立場。

雖然潘恩認為私有財是上帝賦予的權利，國家應該予以保障，但他也支持國家基於公共利益徵收私有財，所以有人質疑他立場的一致性。他自己就在這樣的制度下受惠：紐約州參議院沒收了一位流放保皇黨的小農場，並將小農場送給了潘恩，可是事後他抱怨自己應該得到更好的待遇。「不要說這是報復」，潘恩針對沒收事件寫道：「這是受苦之人溫柔的不滿。」**他也喜歡消弭財富不均的徵稅制度，將這些稅收用來支持貧窮人家的公共福利、社會保險與自由公立教育，或是提供津貼給長者，這些想法一直要到二十世紀才會實現**。潘恩曾提出一些激進的公共政策，像是人民年滿二十一歲時，應該給予他們一筆一次性的十五英鎊，好讓大家有機會成功。雖然潘恩不是社會主義者，甚至也不是社會民主派，**但他身後啟發了許多左派與極左派**，他主張應該制訂一些共同的規範，向有能力的人徵稅，為有需求的公民謀福利。

潘恩提出的商業共和制度並不會得到休謨或盧梭的支持，他們都不相信共和制度的優點，可以和商業社會彼此相容，認為人都必須選邊站，休謨選擇了商業，盧梭選擇了共和主義。看看今天的美國，實在很難不同意休謨和盧梭的論點。商業已經主導美國太久了，現在的共和願景顯得太不合時宜。潘恩提倡商業主義與共和主義的混合制度，適用於小型且以農村為主的早期美國，今天比較不可行。如盧梭觀察的，共和制度只有在小型的國家才會發展得很好，而且國家必須保有儉樸、團結與平等的特質，可是商業社會卻會削弱這些特質，因為這些特質幾乎難以在大型複雜的資本主義社會存續，而且全球化的社會越來越不平等，然而，這卻是大部分西方人居住的社會。

潘恩的文字在當時十分深入人心，部分是因為他使用的是鏗鏘有力的敘事手法，連結美國與法國的時事，說明人類進步與啟蒙運動的可能性，令普羅大眾十分嚮往，他們都希望能過上更好的生活。只要這些樂觀敘事的文字保有一定程度的一貫渲染力，就會持續啟發更多讀者。不過，世界上並不缺少強而有力的文字，各自百家爭鳴，正如我們在這本書中看到的。

17

神秘主義者
喬治・威爾海姆・弗列德里希・黑格爾
George Wilhelm Friedrich Hegel, 1770 ~ 1831

一八〇六年，拿破崙擊敗普魯士，攻破耶拿城（Jena，今德國），也就是喬治・威爾海姆・弗列德里希・黑格爾（Georg Wilhelm Friedrich Hegel）進行學術研究的地方。看著得意洋洋的拿破崙入城，這位德國哲學家十分敬畏，根據他人記載，黑格爾當時說：「我今天看到了世界精神正坐在馬背上。」黑格爾自稱是世界知識的教授，他的哲學想像範圍沒有限制，而且懷有無比的野心，從原子物理到現代政治，他期望自己能解釋一切事物。有些哲學家認為這樣宇宙級的哲學抱負荒唐自負又自以為是，但也有些人覺得啟發人心又令人讚嘆。

儘管現在有許多「黑格爾派」試圖預測未來，黑格爾自己則堅持哲學一定是回頭看，因為我們只能瞭解過去的事物，「密涅瓦（Minerva）的貓頭鷹——希臘的智慧象徵——只會在黃昏飛行」，他說。雖然人生只能向前走，但要理解它，只能回過頭。黑格爾並沒有預測到拿破崙的勝利，更別說是「歷史的盡頭」，但他確實試著用哲學解釋這場（短暫的）勝利。根據黑格爾的說法，所有的人類史都反映了神聖思想（他稱為「鬼魂」或「神靈」）在追求人類自由的行為。歷史是「神義論」，也就是神祇正義的故事。每位領袖、每種階級、每個國家、每座帝國都會來到歷史的審判席與砧板上，常常我們會看到好人被打敗，壞人繼續猖狂。不過，沒有事情是意外，雖然我們只能回過頭來看才會知道，但所有歷史事件其實都是帶著理性與自由的步伐在走。

在《聖經》的歷史中，天意甚至將以色列的「失敗」轉為最終勝利的工具。世界歷史中也有類似的例子，黑格爾口中「理性的狡猾」甚至會確保戰爭、奴隸制度與帝國主義的發生，來作為促進人類自由的手段。

黑格爾認為，雖然法國大革命出現了「爆怒中的破壞」，但依然是必要的過程，必須摧毀法國的封建，才能解放人性。黑格爾成年後，每年都會慶祝法國國慶日，並為法國大革命乾杯。同時，他也承認法國大革命有其限制，革命單純起於自由、平等、博愛等抽象概念，它完全是負面又具破壞力，只能夠打破舊政體的蠻力，卻無法建立新政體。歷史要求的不是發起另一場反革命來消除現有的進步價值，並試圖恢復原狀，真正需要的是一個鞏固革命成果的領導者，建立穩定可靠的新政治秩序。拿破崙擊敗了反革命派，可說是「拯救了」法國大革命。如果法國大革命是命題，反革命是反命題，拿破崙就是暫時的綜合體，他利用傳統獨裁的穩定，推行法律之前人人平等（首次包含猶太人）。當然，黑格爾也解釋了拿破崙最終失敗的原因：拿破崙試圖將法國的政治制度與法律強加於西班牙和俄羅斯，在面對法國的「普世主義」時，引起了暴力的國族傳統。

雖然黑格爾認為拿破崙破壞歐洲的獨裁政治有其必要，但他強烈反對法國的帝國主義與普魯士的封建傳統。在這兩者所發生的致命衝突之中，他看到了一個可行綜合體的興起，也就是現代憲政國家，利用法治保障人民的平等與自由，但又符合普魯士君主、官僚與農業的傳統。黑格爾對現代普魯士國家的形容十分出名，他說這是歷史的上帝進行曲，在傳統制度下現代自由取得了勝利，在地方環境下普世理想取得了成就。

黑格爾提出了全面的政治理論，包含了從家庭、道德、風俗到市場、法律、政府的一切，所以大家常誤解他的理論是「極權主義」。大家也都會說第二次世界大戰東線戰場的慘烈戰鬥，就是希特勒右翼黑格爾主義與史達林左翼黑格爾主義的戰爭。不管兩者多不相同，希特勒法西斯的社團主義與史達林的馬克思主義確實都和黑格爾有關。無疑地，黑格爾會把法西斯主義和共產主義形容成是「現代工業與大眾社會面臨挑戰之下，必然出現的反應」，他也會說法西斯主義和共產主義可被視為是在為現代社會的民主鋪路，因為它們摧毀了普魯士與俄羅斯的貴族統治。事實證明，希特勒確實在無意間促進了德國的戰後民主，這就是黑格爾「理性的狡猾」很好的例子，或者也可以這麼說，歷史透過最不可能的策略，實現了自由的目標，所有看似不好的事件最終卻達到了好的結果，擴展了理性與自由。於是，**黑格爾的歷史哲學可以用來解釋一切，同時也有很多人會懷疑是不是其實什麼都沒解釋到**。

黑格爾最廣為人知的哲學方法是「辯證法」。依照黑格爾的邏輯，兩個看似對立的想法，如命題與反命題，往往可以藉由找到一個更高層次的綜合體來解套。在真實的歷史世界中，這樣的辯證法要如何運作呢？黑格爾很喜歡的例子之一，就是古希臘城邦與現代立憲國家的對比。古希臘城邦充滿藝術與書卷氣息，而且軍事強大，依舊無法逃脫社群與個人良知的悲劇衝突。黑格爾認為古希臘最大的悲劇作品就是索福克力斯（Sophocles）的《安蒂岡妮》（*Antigone*），這裡，團體懲罰叛徒的權利與個人良知的權利產生了嚴重的衝突。底比斯的統治者克里昂（Creon）禁止任何人埋葬叛徒波利耐席斯（Polynices）的屍首，但安蒂岡妮主張依據神聖的法律，不論克里昂的命令為何，她都必須埋葬哥哥波利耐席斯。同樣地，在雅典真實的歷史中，我們看到市民譴責蘇格拉底態度不敬、汙染年輕人的心靈，蘇格拉底也說他只是跟著良知的神聖聲音走。

順著黑格爾的邏輯走，安蒂岡妮和蘇格拉底都必須死，因為在古希臘城邦的框架下，國家（命題）與個人良知（反命題）這兩種主張並無法可解。只有隨著基督教對良知不可侵犯的普世原則興起後，現代自由國家才會認可這種價值，這些悲劇的衝突也才得以解決。黑格爾認為，客觀上來說，現代政治社群比古代城邦的層次還要高，正因為他們同時保障了團體的權利與個人良知的權利，用更高的氣度來化解這類衝突。

不論大家如何解讀黑格爾對歷史整體的看法，他都能幫助我們釐清自由社會中個人權利與社會風俗的許多衝突。他攻擊從霍布斯到康德的自然權利理論家，認為他們的政治理論只基於個人與抽象的權利。如果我們只從個人出發，不考慮社會情境，只在乎「不受阻礙的自我」，並賦予這個自我抽象的自主權利，諸如平等、言論自由等類似的概念，將這些個體放到社會中的話，將會產生無窮無盡的衝突，因為這些權利可以無限開放、無限拓展，將難以配合群體生活。真實的團體需要有限的自主、平等與自由，人類才能在家庭、公司、軍隊與政體中共存合作。確實，黑格爾認為法國大革命會失敗，就是因為賦予所有人抽象的權利如自由、平等與博愛，但這些權利後來卻被用來摧毀所有現存的社會制度。

黑格爾認為，不應帶著抽象權利從個人的觀點出發、罔顧社會情境，應該從真實的人類社群和倫理風俗出發。如果道德理念與法律權利無法深入風俗與習慣，那我們永遠只會覺得這些概念離自己很遙遠，僅限於外在行為；真正的自然權利必須內化到習俗裡，成為第二天性。黑格爾反對保守的立場，它們只是將慣例、習俗與傳統視為強而有力的事實，可是賦予社會習俗規範力的不只是傳統，還有理性目的。

黑格爾說「理性即事實，事實即理性」時，不是表示「所有存在的事物都有理性」，也不是認為強權即是公理。理性是人類自由的具體化表現，理性不是恰好存在的事物——這些恰好存在的事物，有時可能需要藉由革命來清除。社會慣例的存在，未必代表這些慣例有合法性：唯有習慣與習俗能夠實現理性自主時，它們對真正的社會自由而言才會顯得重要有意義。因此黑格爾一方面超脫了伯克與康德，一方面也囊括了他們的思想，伯克捍衛特定習俗，康德捍衛普世權利。黑格爾進一步提出了情境中的權利理論，權利不是抽象原則的定義，而是真實存在於家庭、企業與國家裡，我們應該用父母權利、工人權利、基督教權利、公民權利來取代人的權利。黑格爾反對抽象的普遍概念以及具體的特定概念，他支持的是「具體的普遍概念」，人應該理解並革新特定的社會風俗與制度，才能體現普世權利，抽象權利也應該轉化為特定的傳統與慣例。自由派認為黑格爾強調的道德習俗只是以自由為名，替傳統慣例提出合理的解釋；保守派認為黑格爾強調的自由進步只是在為破壞性改變與革命性改變強詞奪理。

想到黑格爾的「情境中的權利」，要如何連結到當代道德與政治討論呢？我們對於墮胎的辯論特別痛苦、特別兩極化，正因為我們看到兩種非常抽象的個人權利彼此拉扯，那就是女性的自主權和胎兒的生命權。女性與胎兒都是獨立的個體，也都擁有抽象權利，套用自由權利理論，這場衝突沒有「解法」，只有結果。如果把權利詮釋放進情境裡，這種兩難看起來會如何呢？套用母子關係的情境，我們看到傳統上，通常母親有法律權利放棄親自養育子女，選擇出養孩子，也就是說，理論上，甚至是孕婦都有權利與自己不想要的孩子分開。不過，依照現有科技來說，這種分開通常會造成嬰兒死亡，但這又違反了父母對孩子的義務。或許在不久的將來，很可能有技術可以讓胎兒離開母體存活，因此保障了母親與胎兒雙方的權利。黑格爾從情境看權利的概念提供了解法，避免個人權利與人生重要關係之間的巨大衝突。黑格爾認為我們應該可以不需要在權利與關係中選邊站，也不需要在個人與團體中二選一。

18 開國者
詹姆斯・麥迪遜
James Madison, 1751～1836

美國革命後，獨立的各州鬆散地由一七八一年制訂的《邦聯條例》（Articles of Confederation）綁在一起。這個新的中央政府才剛起步，無法徵稅或促進州際貿易，也無法抵擋外敵侵略。於是，各州領導人同意組織一個強大的新中央政府，於一七八七年召開了美國制憲會議。

為了這場即將到來的制憲會議，作為維吉尼亞的代表，詹姆斯・麥迪遜盡己所能努力地學習聯邦與共和政府的相關知識。他寫信給最好的朋友與政治盟友湯瑪斯・傑佛遜，請他推薦一些古代與現代的聯邦共和著作，「尤其是希臘與羅馬的作家」。當時傑佛遜以美國代表之身分，派駐法國宮廷，他走遍了巴黎的書報攤，寄出了一百九十七本書給人在維吉尼亞的麥迪遜，這批書大多是法文。

麥迪遜被譽為「美國憲法之父」，一般也認可他是歷史上偉大的理論家與憲法制訂的實踐家，原因應該可歸功於他勤勉學習的態度。和大多數偉大的政治思想家不同，麥迪遜將鑽研書本的知識與政治實務經驗結合，成為了政治家中的哲學家，也可說是哲學家中的政治家。他追隨傑佛遜的腳步，從維吉尼亞議員到大陸會議，從國務卿到美國總統。雖然他不像傑佛遜那樣能言善道（「人生而平等」），但是麥迪遜對人類天性抱持更加現實主義的態度，對制度變化也有更敏銳的見解，因此他調和了傑佛遜式「人民政府」的理想。譬如說，傑佛遜希望每個世代都能寫下自己的憲法，如果人民是由「已死的人所寫的憲法」所治理，那麼民治又有什麼意義呢？可是麥迪遜堅信，健康的民主政治有賴一個穩固的基本法律框架，頻繁地修改憲法就像是在遊戲玩到一半的時候改變遊戲規則，將減少民主權力競爭的公平性。麥迪遜共同執筆的《聯邦黨人文集》（*The Federalist Papers*）是美國對政治思想史最大的貢獻，這本合集說明並捍衛了新的憲法提案。

在紐澤西學院（今普林斯頓大學）唸書時，年輕的麥迪遜從老師約翰·微斯朋（John Witherspoon）那裡承襲了奧古斯丁對人類天性的悲觀主義，微斯朋是蘇格蘭的喀爾文教徒。你應該還記得奧古斯丁被稱為第一位政治現實主義者，因為他認為人性本惡，生性自私，可以藉由教養和教育削弱自私，但無法根除。因為人性本惡的說法，所以後來阿克頓男爵才會說：「權力使人腐化，絕對的權力使人絕對的腐化」，也就是說，不論統治者多麼「有德」，都不能賦予他們完全的政治權力。麥迪遜呼應奧古斯丁的名言就是「如果人類是天使，那就不需要政府了」。伊曼努爾・康德檢視麥迪遜為控制絕對權力而行使的制度機制，表示即使是由「惡魔族類」建立的制度，只要設計良好，就行得通。不過麥迪遜不會把話說得這麼滿，他依然認為如果人民與政治人物缺乏足夠的公民素養，將會有損任何憲政制度。

才剛揮別英國國王與國會的專制統治，麥迪遜很擔心美國即將面臨公民專制。在美利堅聯盟國裡，他已經看到為數眾多的債務人沒收了少數債權人的財富，更糟的當然是白人多數長期以來對其他少數人種的專制。麥迪遜終其一生的基本挑戰就是要如何調和人民政府與個人自由，也就是如何賦權民主多數，同時不對少數施以暴政。綜觀歐洲歷史，比起人民當家作主的制度，非主流的少數往往在君主制度下還比較受到保障，猶太人即是一例。

大家常說麥迪遜喜歡共和勝過民主，但更精確地說，應該說他偏好的是民主共和。他常常貶低所謂的「純」民主，也就是古代的直接民主，每位公民對每種議題都有投票權。他認為人民的激情容易導致專制集體，「就算古代雅典的每位公民都像蘇格拉底一樣，每場雅典集會還是會像暴民聚會」。麥迪遜偏好代議制，由少數人代表他人治理，這些代表審議的過程會緩和群眾原始的激情。歷史上許多的共和政體都是貴族統治，而麥迪遜堅持的是民主共和。古代世界出現過直接民主的範例，但不是代議制；中世紀歐洲出現過代議政府，但不是民主。麥迪遜綜合古代與中世紀的政治理想，開創真正的代議民主。

麥迪遜是一位天才型的政治思想家，看他如何翻轉一些傳統政治思想與做法的基本概念就可略知一二。自古以來有一個相當基本的政治原則，那就是「就是如果沒有統一的宗教信仰，一個社群在政治上就無法集結」。人類歷史上，幾乎所有的政府都曾以政治統一為名，號稱有權利強制實施正統的宗教。傑佛遜和麥迪遜在維吉尼亞州制訂宗教自由的相關法令時，就反對這條傳統的原則，後來成為美國憲法第一增修條文的重要參考，保障了宗教信仰的自由。麥迪遜主張國家建立的教會將使國家與宗教腐化，宗教多元主義有助於形塑更好的教會和政府。他相信，強制執行正統宗教非但無法防止政治衝突，實際上還會產生政治衝突，事實也證明了美國的基督教在宗教自由的氛圍下傳播得比任何國立基督教會還要快。

另一個傳統政治理論的原則就是，民主政體必須範圍小且同質性高，畢竟古代民主政體都存在於小型的城邦。隨著羅馬共和演變成龐大的帝國，羅馬人民也失去了他們的政治自由。美國擁護州權的人士反對麥迪遜新建的國家政府，堅稱代議士只能在小型國家才能對人民負責，不過，麥迪遜回應說不論在古代還是現代，歷史上的小型共和政體都在派系鬥爭中以失敗告終。越小的政體確實越容易陷入兩派交戰，如：貧富對立、債權人與債務人相對、新教與舊教交鋒。人類脾性與境遇多元各異，自由的社會無法很自然地達到全體一致的狀態，自由的社會也不可能抑制派系與歧見的產生。

矛盾的是，解決派系紛爭的致命危險就是要增加派系。大衛・休謨曾經提過，宗教自由最佳的狀況就是許多教派並存，才不會一派獨大壓迫其他派別。麥迪遜更廣泛地去解釋這個概念，認為大型多元的政體，將會容納各類型各程度的財富、宗教、地緣與文化認同，因此不會因為一次分裂就造成內戰。麥迪遜說明，在一個大型又樣貌多元的國家裡，每個人會有多種身分認同，如：貧窮階級、天主教、都市人、北方人或白種人。與其敦促大家為共同利益努力，麥迪遜更接受現實中比較狹小的個人利益，派系分別無法避免，跨族群多樣性才能安身立命。在麥迪遜之前，沒有人認為大型民主共和政體比小型政體還要可行。

第三個傳統政治理論的基本原則，就是每個政府都必須握有統治主權。歐洲政體中，國王或國會就是主權，或是「君臨國會」就代表主權。那什麼是主權？主權是威權說了算，不能被挑戰；無法分割，以免僵局；不能使用法律限制主權權力，因為只有主權本身才能限制主權。雖然麥迪遜會辯駁說在美國「人民」就是主權，但他傾注智才的憲法卻規定主權無所不在，同時又無處可見。首先，他將聯邦政府與其他州政府分開。那麼是聯邦政府代表主權，還是州政府握有主權？答案是兩者皆是。對於聯邦政府和州政府來說，這只是內部的分工，形成行政、立法與司法的分支，每個分支都有權力檢核並制衡其他分支，所以去問哪個分支的政府才是主權沒什麼意義。甚至連政府整體都不是主權，因為人民有能力調整國家憲法，廢除聯邦或州政府。

那如果兩個或多個政府機關共謀奪權呢？麥迪遜很清楚，只靠憲法規定並無法阻擋政客的野心去鑽法律漏洞，這就是他嗤之以鼻的「羊皮紙障礙」。他認為在權力分立的情況下，各政府機關的官員之間就會產生良性衝突，亦即「用野心來抵消野心」。政客會小心翼翼地保護自己政府部門的權力與權利，免於受到其他部門的侵害——這不是出於對憲法高尚的忠誠，而只是想保護自己的權力基礎。依據麥迪遜的政治心理學，政治人物會認同自己的單位，因此「你站的地方取決於你坐的位置」，與其懇勸政治人物要維護憲法，不如利用他們的野心衝突制衡權力。麥迪遜的出發點是人性的原貌，而不是理想中的人性。

麥迪遜常被稱為美國憲法之父，因為他對憲法研究透徹，在一七八七年的制憲會議占有主導地位。但他比較喜歡「維吉尼亞計畫」，這項計畫想建立一個強大的中央政府，有權否決各州的法律，但最後並未成功推行。美國憲法的前面十條增修條文是由麥迪遜主筆，統稱《權利法案》（Bill of Rights），裡頭的文字對世界基本自由權利的影響無人能及。這也是麥迪遜最偉大的政治成就。

麥迪遜十分明白擁護人權又蓄養奴隸是偽善的行徑。他認為奴隸制度是道德上的邪惡，譴責的立場也從未動搖，但他也從未試圖廢除奴隸制度。生長在維吉尼亞，麥迪遜很清楚南方各州不會為了加入北方的聯邦而放棄奴隸制度。傑佛遜與麥迪遜都是英國作家塞繆爾・詹森對美國革命嚴厲譴責的對象：「這群使喚黑奴的人，怎麼會是最大聲疾呼自由的人呢？」

麥迪遜憲法設計的首要目標就是避免暴政的危害，尤其是避免多數暴力。他的宗旨是「分權治理」，首先是擴大共和，將社會切割成為數眾多又彼此交錯的派別，才不會出現一派穩定獨大壓迫少數的局面。再來，中央政府與各州政府分權。最後，政府內部分為數個分支，政治人物彼此競爭，避免共謀危害人民。不過，主權分散的危險就是常會陷入僵局，因為沒有任何一個分支握有全部的權力，導致大家常常會乾脆否決別人的提案。而且各政府都不代表主權，選民往往不清楚該歸功或歸咎於誰，因為權力分散也意味著責任分散。自美國總統伍卓羅・威爾森（Woodrow Wilson）以來，進步派大抵認為麥迪遜的憲法過於削弱中央政府，導致美國社會的革新運動總是遭到有組織的特殊利益團體阻撓。

麥迪遜的憲法是世界上唯一沒有政黨規範的憲法。然而，如果沒有政黨，政府體系的各支派無法穩定合作，也就沒有能力治理。同時，政黨也會削弱分支彼此監督的力量，當一個政黨掌控兩個或數個政府分支時，便會削弱監督和制衡的力量。政黨為治理的必要存在，但同時也削弱了麥迪遜精心安排的權力控制系統。

從麥迪遜開始，政治科學家與經濟學家發展出越來越複雜又微妙的動機與約束制度，「刺激」人民去做對的事，譬如說，今天我們在決定捐贈器官或是存退休金時，會將「良善」的選擇作為預設的選項。我們提供經濟上的誘因鼓勵公司停止汙染，或是提供員工健康保險。如同麥迪遜，我們小心地建立制度，讓人就算是出於錯的原因，也要做出「對的」選擇。同時，我們也發展出不同於麥迪遜的風格，大抵放棄了道德品格與公民素養的整套語言。利用公職圖利個人曾被視為貪污，但現在大家幾乎習以為常。綜觀古今歷史與政治，不論多麼謹慎地設計，也沒有任何憲法能夠制住缺乏核心公民素養的政客。

19

預言家
阿勒克西・德・托克維爾
Alexis de Tocqueville, 1805～1859

一八三一年秋天，法國作家阿勒克西・德・托克維爾前往麻薩諸塞州與康乃狄克州。從沒參加過新英格蘭地區任何一場小鎮會議的他，動筆寫下了最著名的《民主在美國》（*Democracy in America*），盛讚新英格蘭地區的小鎮會議是世界上實踐民主的最佳典範。與其坐等州政府或中央政府解決地方問題，這群強健、獨立的農夫與商人會定期聚會，討論、辯論並決定眼前的地方問題，自行籌錢、分配經費、鋪路建校。托克維爾承認，美國地方政府常常沒什麼作為，但他認為這並不重要，因為美國的城鎮會引導人民善用自由的權利，實踐公民自治的精神，展現至高無上的公民素養。托克維爾將美國民主的研究焦點放在小鎮會議，令人費解，因為這些會議比較像是古希臘的直接民主，而不是現代美國的代議民主。不過，托克維爾也不是寫給美國人看的，而是寫給自家的法國人看。

托克維爾是法國貴族出身，但他擁抱民主潮流，希望現代民主的公民特質能濡染封建祖先自給自足的強韌精神。在歐洲的遠古時代，現代國家尚未成形，封建貴族會聚集起來處理公共事物，人人都會尊重他人的自由與獨立。托克維爾希望每位擁抱民主的公民，也都能擁有這些理想的崇高特質，亦即人人都是貴族。他認為新興民主的法律與道德平等是上帝不可違抗的意志，唯有大家擁有同等的自由或同等的束縛，社會的組成同為獨立公民或同為卑屈奴隸，我們的選擇才能真正決定未來的方向。托克維爾十分重視政治自由，而他也預見了兩個對政治自由的嚴重威脅，那就是中央集權政府與消費主義市場。這兩者都會讓人與公民素養漸行漸遠，退縮到安靜奴役的私人狀態。如同《舊約》裡的先知一樣，他不僅宣稱自己在民主平等的崛起中看到了上帝的意志，同時也警告大家，未來民主的「群眾」可能會因為私人的享受而過度膨脹，還會遭到遠在天邊的強權操控。托克維爾稱這樣的世界為「軟性暴政」，弔詭的是，**這樣的描述竟符合二十世紀的共產主義，或許也還與二十一世紀的資本主義吻合**。

為什麼托克維爾能從貴族環境中生出民主的想法呢？因為他正好身處於法國貴族統治消亡與民主誕生之際。他終其一生的任務就是提醒貴族階級民主的必然，告誡民主人士政治平等不是理所當然。托克維爾的祖國不崇拜先知，他也不受法國貴族階級或民主人士青睞，因為他與法國的政治疏離，所以才成了作家。只有貴族才能寫出如此出色的民主文字，也只有法國人（或外國人）才能寫出如此出眾的美國側寫。

托克維爾活在法國大革命的陰影之下，在這場一七八九年爆發的革命中，他的許多親戚遭到處決，連雙親都差點難逃一死。當時大家對這場劃時代運動的正當性意見紛歧，但都同意這代表了與封建君主制度的澈底切割。只有托克維爾堅持另一種立場，認為自國王路易十四以來，就陸續摧毀了封建制度，法國大革命則僅僅移除了最後的封建殘骸。要等到封建制度幾乎不復存在後，大家才開始痛恨這個制度：十八世紀的法國貴族不需付出心力執政，就能獲得執政的報酬；他們擁有特權而無實權。先前的兩個世紀，野心勃勃的君主在巴黎壟斷了所有的政權，一七八九年的革命事件和拿破崙稱帝只是更加強化過去絕對君主專制的中央集權特質，繞過貴族，直接治理人民。

為什麼會醞釀出法國大革命呢？托克維爾前往美國去尋找這個法國問題的美國答案（與解法）。美國民主的關鍵在於地方政府，法國大革命的關鍵亦同。中世紀與現代封建早期，農人向地方貴族提供勞力與稅金，換取貴族對他們的治理。然而，到了十八世紀，農民發現治理自己的其實是巴黎的官員，但他們還是得交稅金供養一無是處的地方貴族，而且很多貴族都已經撤離當地，搬到凡爾賽去了。這種荒謬的關係不能再繼續下去，當然實際上也不持久，政治、經濟與社會革命靜靜地累積能量，這些革命早已改變了法國的地方生活，一七八九年的革命事件只是這些改變的暴力高點。托克維爾研究地方政府，洞悉了美國與法國政治背後隱藏的秘密。

托克維爾認為研究地方政府一定是合理的，因為內在習慣是所有政治的基礎，而人民的日常經驗會形塑內在習慣。對多數人而言，民主和憲政主義都是模糊的抽象概念，華盛頓特區或巴黎也如異國般遙遠。美國人不是從學校或書本學習到民主習慣，而是從教區議會、鎮委員會和在地陪審團中培養民主素養。公民素養的養成與習慣有許多來源，包含與鄰里合作，學習包容異己，解決共同問題。托克維爾的理論是美國人先從組織城鎮出發，接著邁向州政府，最後才是中央政府，表示美國人在看待各級政府時，都會類比到他們熟悉的城鎮組織。這裡，托克維爾會同意G．K．卻斯特頓（G. K. Chesterton）的比喻：民主就像是擤鼻涕，就算做得不好，也得自己動手。

雖然托克維爾積極提倡地方政府的優點，但不表示他支持州政府的權利。他認為州政府和中央政府一樣，都和日常生活相去甚遠。托克維爾贊同聯邦黨對美國憲法的詮釋，也贊同以亞歷山大．漢密爾頓（Alexander Hamilton）命名的漢密爾頓派系對美國憲法的詮釋，捍衛強而有力的中央政府，反對共和黨或傑弗遜派系對州政府的支持。托克維爾維持一貫的先知作風，擔心州政府的權力過大，會忽視中央政府的命令，威脅到聯邦的存續；而在南北戰爭的時候，這樣的擔憂確實成真了。托克維爾表示他常聽到美國人指控中央政府施行暴政，說得煞有介事，卻沒有實質證據。而托克維爾認為，州政府才是對自由的主要威脅。

法國有個迫切的問題，就是基督宗教與政治的關係，關於這點托克維爾到美國尋求解答。幾個世紀以來，法國的天主教會都與王室結盟。因此，一七九二年王室垮台後，教會也遭池魚之殃。法國大革命後，左右兩派大致達成了一個共識，那就是天主教是親皇權、反民主的，而民主平等與自由則是「非基督宗教的」、世俗的理想。托克維爾的看法相反，他積極堅定地認為現代民主是基督的理想，耶穌來到人世間就是為了宣告凡人皆平等。這對托克維爾個人也是十分迫切的問題，他失去了對天主教的信仰，但卻保持著對基督宗教的熱愛。

托克維爾表示，古代的民主是奠基於奴隸制度、階級特權與父權社會。就連柏拉圖與亞里斯多德都明確地支持人類極度不平等的概念。人類平等、權利與自由的普世價值是基督教的禮物，托克維爾指責基督教神學家與傳教士沒有好好發展基督的公民倫理。而保皇黨、君主主義者、民主主義者、社會主義者以及無政府主義者都深信，基督宗教從根本上就反對現代民主制度。不論基督教當前的制度有多腐敗，托克維爾都覺得基督宗教確實是我們民主理想的起源，這點預測了尼采的理論。還有更重要的是，托克維爾認為基督宗教是民主公民素養存在的必要元素。

在美國的期間，托克維爾深受兩件事震撼。首先，是政教分離（但當時有些美國的州還存在官方教會）；再來，儘管政教分離，或者也就是因為政教分離，基督教還是「美國最重要的政治機構」。非政治的宗教，怎麼會成為最重要的政治機構呢？我們必須記得政治的根源是「內在習慣」，而美國人深受教會影響，遠勝過其他組織，譬如說，在新英格蘭安頓下來的清教徒是透過教會集會選出所有的部長，就連美國的天主教主教一開始也是由神父選舉而生。簡而言之，美國的教會在美國政府正式出現之前，就已經在施行民主措施了。托克維爾認為若沒有宗教，美國人將完全陷溺於自私的個人主義裡頭，尤其是追求物質財富。比起基督教條，形塑內在習慣的力量主要是透過對基督社群的參與，而這些內在習慣引領美國人養成公民素養。今日的社會科學家受到托克維爾的啟發，也確實發現**教會參與（任何宗教皆然）和許多公民素養標準的強烈連結**。

研究美國民主的時間越長，托克維爾就越悲觀。這份悲觀最根本的原因源自於白人與黑人、印地安人的關係。如同其他法國開明的自由主義者，美國的奴隸制度令托克維爾感到十分震驚，不只是因為奴隸的地位如此低下不堪，也因為奴隸主的卑劣。他認為奴隸制度損壞了勞動制度，讓南方白人懶惰無知又驕傲。沿著俄亥俄河順流而下，托克維爾看到俄亥俄州自由地區的農場井然有序，勤奮耕耘，但是擁護奴隸制度的肯塔基一帶，呈現的則是失序、怠惰的光景。具他觀察，古代奴隸制度束縛的是身體不是心靈，但美國的種族奴隸制度束縛了奴隸的身心，造成奴隸認為自己天生就比別人矮一截。托克維爾認為這些對待黑人的罪刑會招致報應，他看不到各族和平共存的未來，只看得到美國可能會出現種族戰爭。

托克維爾抵達美國的時間點，剛好是一八三〇年《印地安人移居法》（Indian Removal Act）立法之後不久。他看不到美國印地安人的未來，他認為白人拓荒者的貪得無厭與無情暴力，遲早會造成印地安人的滅亡。他說這些驕傲的印地安戰士寧死也不會屈就為奴，讓他想起了自己作為貴族軍人的祖先。美國印地安人面對滅族威脅之際，依舊展現勇敢與堅忍的精神，托克維爾深感欽佩。他的這種態度，也彰顯出他自己的貴族性格。

托克維爾認為民主文化完全就是實踐、唯物與經驗主義，因此美國人為求眼前利益，在新科技發展這方面將會十分傑出。一般人都相信，務實的美國文化有賴務實與職業導向的美國教育；而事實上，美國教育也大抵展現出強烈的務實色彩。可是在這一點上托克維爾再度力排眾議，反對當時大家的這種看法：他堅持務實的美國民主人士需要的是無用的貴族教育，學習古典語言與文學、哲學、藝術與音樂。學校應該引導學生提升心靈與心智，熱愛單純的事實、高貴的道德情操與純粹的美，才能達到讓民主文化更顯高貴的目標。若不落實這種教育內涵，民主會陷入狹隘的技職教育，最終將不利於藝術與科學的進展（這兩者是美國人十分珍視的領域）。沒錯，務實、積極進取的美國人應該要先學會芭蕾。

今天，大家普遍感到沮喪的是先進民主國家的人缺乏公民素養。因為政權掌握在天高皇帝遠的國家首都，或者甚至是在國際組織手中，大多數的公民反而成了觀眾，而且政治本身呈現出的是可悲的景象，有如粗魯的部落衝突與自私的自我交易。因此，許多美國與歐洲公民指望學校能補足公共生活缺乏的公民素養。可是學校真的能教公民素養嗎？托克維爾的答案是否定的，

「地方機構負責自由，小學負責知識，這些單位會把這些內涵帶到大家唾手可得之處」。**要學習政治自由的素養，就必須積極參與地方教會、組織與政府。公民素養說到底就是內在習慣，而不是心智教育。**但如果地方機構遭網路消費主義與政治中央集權架空，公民要到哪裡習得正確的內在習慣呢？

20 個人主義者 約翰・史都華・彌爾

John Stuart Mill, 1806～1873

約翰・史都華・彌爾在英國東印度公司的倫敦總部擔任公職，總共三十五年，超過他一半的人生。這是一家皇家特許的私人投資企業，負責英國遠東地區的貿易，且是印度的實質統治者。從公司退休後，彌爾繼承父親詹姆斯・彌爾（James Mill）的職位，擔任資深審查員。在倫敦工作的這幾十年，這對父子從未踏上他們管理的印度，這點無須贅言，而且也沒有任何證據能證明他們見過印度人。儘管彌爾是自由民主主義者，還自稱「激進人士」，但他相信專制是「與野蠻人交涉時，合理的政府運作模式」，從他的觀點出發，野蠻人也包含了印度人民。這種觀點符合當時的思想，他相信所有人或多或少都有能力可以晉升到「文明」水準，正如英國的先例。（另外，彌爾是個英國異數——他是葬在法國的親法人士）。雖然他沒有時間研究十九世紀下半葉歐洲越來越流行的種族生物學理論，但彌爾深信在人類進步的階梯上，不同的社會將落在不同的位置，而「落後的社會」不應享有前面「先進」國家普遍擁有的個人自由與民主權利，除非這些落後地區也能前進到同樣的發展水準。他相信也期待各色人種最終都能達到先進的位置，儘管他從不認為這種進步的發生會是輕而易舉或是勢不可擋。只有在開化的狀況下專制才合法，而且必須符合被統治人民的利益。這點彌爾和卡爾．馬克思看法一致，馬克思寫道：「英國必須在印度完成兩項任務，一項是滅絕亞洲的舊社會，另一項是在毀滅的基礎上，重新鋪設西方社會的重要基礎。」

若說彌爾在殖民主義的思想上還停留在他的時代，那麼可以說在其他方面他已經遠遠超前當時的思想了。他是十九世紀最偉大的女性平等理論家與倡議者，在維多利亞時期的英國，這種想法非常不受歡迎，他也因此樹立了許多敵人。競選國會議員時，他是英國第一人倡議將女性納入選民。彌爾擔任國會議員時期（只有三年）遞交了首批女性投票權請願書到下議院，請願者為數眾多。當時正在修正一八六七年的《改革法案》（Reform Bill），放寬了選民的資格，有財產的男性皆能投票，彌爾希望也能納入女性。法案通過了，但彌爾的修正案闖關失敗——還要再過半個世紀，英國才準備好讓女性參政。彌爾寫了劃時代的女性主義書籍《婦女的屈從地位》（*On the Subjection of Women*），闡述男女應在各方面受到平等的對待。書中，彌爾主張將女性排除在公共生活與專業職場是「人類進步最大的阻礙」。在這個議題上，彌爾深受妻子哈莉耶特・泰勒（Harriett Taylor）的影響，她曾寫過一篇十分有力的文章《女性投票權》（The Enfranchisement of Women）。彌爾在其他方面也深深受到妻子的影響，在彌爾的《自傳》（*Autobiography*）中，他說自己在個人與智識上，妻子都貢獻良多，妻子對他的影響「幾乎無窮無盡」。彌爾表示自己所有出版的作品都是和妻子「聯合出品」，雖然上頭都沒有妻子的名字。這樣看來，彌爾的女性主義也有他的侷限。

後人記得彌爾的地方不是他長期擔任帝國的公務員，也不是他短短的政治生涯，而是他的著作。其中最突出的就是他一八五九年寫的文章《論自由》（*On Liberty*），或許可說是捍衛個人自由最出名也最具影響力的著作。這是他個人最引以為傲的作品，而且他對這部作品的評價也很正確：它「會是所有著作中流傳最久遠的一個」。

彌爾當時最擔憂的是「主流意見與感受專橫」會凌駕於優秀個人之上，其他十九世紀的自由派人士也有同樣的煩惱，像是他的朋友阿勒克西・德・

托克維爾，托克維爾最擔心的就是社會壓力與符合主流的傾向會威脅到個人自由。彌爾深信大眾社會的興起會碾壓個體、抑制異議，可能延緩甚至停止人類前進的腳步，因為人類進步有賴自由地表達想法，以及「生活實驗」。

政治上，彌爾是典型的自由主義，相信促進人類福祉的最佳方式就是訂定一個總體政策，允許最大限度的個人自由，而且人人的自由程度都相等；倫理上，彌爾是功利主義者，如同他的父親，確實，他把這樣的思想稱為自己的「信仰」。不像大部分的自由主義者，彌爾父子都反對自然權利的信條。我們之前已經看到，約翰．洛克是英美自由主義的創始者，他主張天賦人權，出生即擁有生命、自由與財產等自然權利；湯瑪斯．傑佛遜支持洛克的自然權利論，在著名的美國《獨立宣言》中就傳達了這種精神。彌爾捍衛個人自由與性別平等時，選擇比較有挑戰性的論述方式，他並未使用任何自然權利的自由權或平等權，也不像潘恩借用上帝之名，彌爾的立論基礎奠基於這些理想的實用價值以及促進人類福祉的能力，康德嚴格禁止這樣的邏輯，認為這是對「所有道德進行安樂死」。

彌爾認為如果每個人都能夠「用自己的方法」自由地追尋「為自己好的事物」，那麼我們找到真理的機會就更大，而長期來看，真理是提升整體人類福祉的最佳辦法。社會的設定應該要給予「天才人物」（男女皆然）最大的自由去拓展心智，發表想法，允許個體特性自由發展。唯有在這樣的氛圍下，傑出的人才才能茁壯，推進整體社會進步，向上提升到文明的層次。彌爾敏銳地意識到，能讓人充分發揮才能的環境其實不常出現，又難以維持。他認為心智就像肌肉，若沒有定期進行有強度的訓練，就會弱化，而言論審查制度會阻礙批判審度的能力，讓思想顯得軟弱乏味。因此，應該要透過開放討論，自由交換意見與想法，創造「不斷刺激彼此，增強高層次能力」的環境。

彌爾和康德都強烈反對家長式治理，不應以為他人好為名，行強迫對方之實，這樣大家會把成人當作小孩來對待。彌爾偏好放任的作風，讓大家能靠自己找到適合且獨特的生活方式。這條準則僅僅適用「能力成熟」的人，不適用兒童與「野蠻人」——他們適合家長式治理，直到他們成為文明的成年人，有自己做決定的能力，能明辨行為的後果，並勇於承擔。另外，彌爾認為，我們應該秉持著人不犯我我不犯人的精神。

彌爾認為人類是容易犯錯的生物，很容易會在信念上摔跤，所以公開發表意見至關重要，如果能無拘無束地任由想法衝撞，才能檢驗信念，看看是否禁得起仔細的檢視。彌爾並沒有天真地認為真理就一定會在激辯中勝出，但他相信比起固執地隔離真理免於檢驗與批判，在這種討論的環境下真理更容易浮現。大家都可能犯錯，所以沒有信念是神聖不可侵犯，或是不容質疑。人類進步有賴能自由地批判與提問。這是彌爾從蘇格拉底之死中學習到的重要一課，也是重要的啟發。彌爾尊崇蘇格拉底，將他視為挺身反抗多數暴力的自由思想英雄，可惜最終他也付出了慘痛的代價。

彌爾不是無政府主義者。和康德一樣，彌爾偏好的是有限度的自由，而且有時必須由政府介入限縮自由，在不傷害他人的前提下，大家可以自由地行使自由權。彌爾在《論自由》裡談到，「文明社群中，任何違反個人意志而施加的正當權力就是要避免個人侵害他人」，這是這種權力唯一的目的。彌爾反對家長式治理，因此並不認同國家採取預防措施去防止成人傷害自己，所以譬如說，法律規定要繫安全帶，在彌爾的概念下，這種法規不應該出現在自由的國家裡。與其介入去防止大家傷害自己，不如讓人從錯誤中學習。

擔任國會議員的期間，民主主義派的彌爾在一八六七年的擴大投票權決議中，投下了贊成票。同時，他和朋友托克維爾有著共同的煩惱，擔心**教育程度不足的多數會支配受過良好教育的少數**。於是，彌爾主張採行「複數投票制」，每位具備讀寫與基本運算能力的成年人至少能一人一票，但教育程度較高而且「心智發展層次較高」的人可以一人多票，才能「平衡多數的低教育水準階級」。在十九世紀，社會普遍支持這種做法，用來限縮民主多數的強大力量。如同多數的自由派，彌爾是很神經兮兮的民主派，但他不是民粹派，他希望增加選民人數，也希望拓展選民族群。身為重視個人自由的自由派，彌爾看到了多數對少數造成的危險，於是提出加權選票的制度，希望能平衡質與量。他偏好代議民主勝於直接民主，也同意伯克的觀念，意即選出選民的受託人，而不是選民的代表。在彌爾的《自傳》裡，他寫道，他的選民希望他能為他們在國會發聲，但彌爾直言不諱地回答：「如果我當選，我無法投注任何自己的時間與精力去爭取地方權益。」他甚至計劃整個競選期間都要待在法國，雖然最後還是不得不面對選民的壓力。競選時，他洋洋得意地說自己寫了一份手冊，裡頭說工人階級「基本上都是騙子」，這還成了他的競選標語。儘管中間重新計票稍稍耽擱了一下，可是彌爾最後出乎意料又很超現實地打贏了選戰，連他自己都感到十分意外。

和過去相比，**現在對於言論自由價值與限制的檢視與討論更甚以往**。通訊科技的進展讓世界變成了一個「地球村」，想法與影像能即時傳送到世界的另一端，大大增加了冒犯或誤會他人的可能性，也因此出現了限縮言論自由的聲音。各種立場的衝突提醒了我們：有時候和自由互相抵觸的其他價值，諸如社會和諧、包容與尊重，都不該是絕對的，就連彌爾堅持的自由也不該是絕對的。今日的世界並非都認同自由主義，也並非所有的地方都認同言論自由至高無上的信念。順著這個脈絡，彌爾著名的文章或許比以往都來得重要，證明在西方世界裡，**自由是最高的政治價值，或許也是最有可能促進人類福祉的價值**。此外，長期以來，大家認為彌爾對大眾民主的擔憂顯得太過勢利眼，但**現在民粹主義興起，而且有些贏得選舉的政黨與政客認為自由主義無法解決當代問題，反而會製造問題，在這樣的氛圍下，彌爾的思想反而出現了新的支持者。

21 革命家

卡爾・馬克思

Karl Marx, 1818～1883

一八四九年，身無分文的卡爾・馬克思從法國流亡到倫敦，搬進了一間骯髒昏暗的兩房公寓，就在迪恩街28號，這裡曾是妓院，今天是時髦的蘇活區餐館，不過在當時擁擠汙染的倫敦，這區十分破舊。馬克思和他剛組成的家庭在此地度過了六年窮困的生活。雖然他和彌爾在同一座城市生活了二十四年，但他們的世界有如天壤之別，也從沒見過彼此。馬克思知道彌爾，也讀過他的著作，但彌爾從來沒有聽過馬克思，這位德國的革命家名不見經傳，在世時，英國人幾乎沒有聽過馬克思的名字。

馬克思僅僅靠著德國朋友弗里德里希・恩格斯（Friedrich Engels）的慷慨資助（他家在曼徹斯特經營紡織廠），才能勉強過著貧困的生活。即便如此，在這骯髒狹小的新家，馬克思的三名子女還是不幸早夭。他還在襁褓中的女兒法蘭茲卡（Franziska）過世時，馬克思還得借錢安葬女兒。馬克思生活在查爾斯・狄更斯（Charles Dickens）筆下的悲慘倫敦，很難維持生計，因為他的英文不好。他在英國過了大半輩子，始終沒學好英文。

因為馬克思激進的言論，當權者對他窮追猛打，於是他和一個世紀前的盧梭一樣，短暫地在英國度過流亡的生活，可是他們都不是特別熱愛英國文化的人，即使英國讓他們免於遭受歐洲大陸的迫害，這兩個人對於收留自己的國家都沒有表達感謝之意。搬到倫敦後，一貧如洗的馬克思幾乎沒有離開過這座城市，即使他研究並分析工業資本主義，提倡勞工權益，呼籲無產階級革命，他也從來沒有參觀過任何英國的工廠。無產階級革命由勞工主導，為勞工爭取權益。馬克思自己是中產階級，不是勞工階級，勞工族群的困境、相關法律和資本主義的影響幾乎都是透過書面資料（如政府審查員的記錄）才瞭解。馬克思每天到大英博物館的閱覽室報到，大量吸收相關資訊，大英博物館離馬克思的家只有短短的步行距離（他的家是兩間「邪惡又可怕的房間」，住著全家人與管家）。他花上個把小時坐在博物館堅硬沒有軟墊的椅子上，臀部就長了熱癤。這些椅子坐起來很不舒服，馬克思又痛又難耐，於是把對中產階級的憤怒都發洩在這裡。「我希望中產階級到死都還記得我的膿瘡」，他怒氣沖沖地對恩格斯說：「他們都是豬！」

馬克思研究的是英國、法國與德國早期未受節制的工業資本主義，當時的生產製造原始又粗暴，二十世紀後才有福利國家的誕生，開始制訂出勞動法律與規範，控管生產過剩的情形，並保護弱勢族群。查爾斯・狄更斯的文學感人又生動地描述了這樣的光景，「他寫實流暢的文字向世界展現了政治與社會真相，比所有專業政治人物、政論家、道德家加起來的總和還要多」，馬克思欽佩地形容狄更斯這位維多利亞時期的小說家。馬克思深信資本主義最終會自我毀滅，因為景氣循環起伏劇烈，而且勞動階層貧困人家的狀況越來越糟糕。馬克思從書籍、報告與報紙當中，仔細分析了資本主義的內部運作模式，最終得到結論：資本主義的內部壓力過大，未來將會越來越不穩定，導致資本主義終將傾頹。他相信這是不可改變的命運之力，就像所有以階級為基礎的經濟制度一樣，馬克思認為資本主義也是建立在有錢有權的人無情剝削無錢無權的人上頭，最後這些貧困的多數將忍無可忍，於是這些制度都會以失敗收場。因此，馬克思才會說貪得無厭的中產階級無疑是在自掘墳墓。他信心滿滿地預測：只有經過大崩壞，才能打破階級，消除剝削與暴力，重新建立一個正向的共產社會。

對馬克思而言，他口中的「中產階級」是資本主義的統治階層，掌控「生產的方法」（工廠、金錢與資源），剝削勞工階級（無產階級），勞工唯一的「資產」就是自身的勞力（勞動力量）。原則上，勞工可以自由地將勞動力量賣給中產階級，以換取更好的工資，但在大多數的情況下，工資只能勉強餬口。所以多數的勞工只好長時間辛苦地勞動，製造不屬於他們的商品，商品售出後的利潤也是掉進別人的口袋。這種制度建立在完全的剝削關係上頭，絕大多數的人只能勉強度日，享有特權的少數卻坐擁令人側目的財富，手中還握有大量的權力。資本家是怎麼確保工資低廉的呢？他們利用「無業人口當作儲備勞工」，替換掉爭取較高工資的勞工。時間久了，富者越富，貧者越貧，馬克思認為，這種制度走到最後將會引爆革命暴力。

馬克思認為資本家假裝支持競爭，同時卻又無所不用其極地避免競爭出現，因為競爭會降低價格，連帶地降低利潤。商人聚在一起時，都在謀劃要獨占市場，組成控制價格、限制競爭的同業聯盟，無情地排除小型企業，就連欣賞且擁護商業社會的古典經濟學家亞當·史密斯也注意到了這點。此外，資本家為了確保獲利，會毫無止境地壓低工資，低到了不人道的地步，但長期下來勢必會適得其反，因為勞工買不起自己生產的物品，「生產過剩的危機」將會終結資本主義。產品供過於求，不利長久經營。

一八四八年，歐洲各地紛紛揭竿起義，馬克思覺得這可能是資本主義末路的徵兆，而他也預測資本主義最後一定會走到盡頭。結果這只是空歡喜一場。馬克思就等著倫敦這座安全的避風港迎來革命風暴的一天，這裡對激進人士和煽動分子比較寬容，共產主義者同盟的總部也設在倫敦，該同盟成員就是請託馬克思和恩格斯寫下著名的《共產黨宣言》（*Communist Manifesto*）。同盟解散後，馬克思積極參與國際工人協會，成為主導成員，並被推選為總部議會負責人。任職期間，馬克思成為國際共產運動的領導者，是共產思想的領頭羊。即使參與了這些運動，馬克思一八八三年在倫敦過世時，基本上還是英國的一個無名小卒。他只用德文書寫，在世時，也只有《共產黨宣言》被翻譯成英文。一八六〇年代中期以前，他寫的東西幾乎都沒有被廣為印刷。卡爾・馬克思就在流亡生活中默默地離世，等待著他相信終將到來的革命，這場革命真的到來之時，已是在三十年之後了，爆發的地點卻讓他意想不到，那就是俄羅斯。

如同奧古斯丁與霍布斯，馬克思完全是用負面的濾鏡在看待國家，他筆下的政府只是統治階層維持秩序的武器，認為政治權力不過是「一個階級組織來壓迫另一個階級的力量」。儘管表面尚有正式中立的法律和程序，國家從來都不是真正地公平公正。國家唯一的目標就是服務主導階級，從來不為大眾利益著想。儘管國家十分依賴武力（而且常常很殘暴）來排除異己，維護秩序，但資本主義也在玩弄我們，扭曲我們對糟糕現實的認知，而大多數的人就透過意識型態（包含宗教）而活在資本主義可怕的現實之中。這樣的現實是必要的，因為大部分的人都在壓迫剝削的情況下生活和工作，如果他們真的看清了現實，必將立即起來抗暴。意識型態就像是暗箱，將我們對現實的理解投射出相反的影像，於是我們接受了合法的剝削行為，譬如說，資方會告知資本主義下的勞工他們是「自由」的工作者，可以為求得最高的工資而終止合約。然而，這些假象只是讓勞工屈就於大規模奴役的工資騙局中，勞工並沒有實權協商更好的待遇和更高的工資，所以馬克思才會覺得資本主義走不下去，因為富有階級的財富和權力不斷累積，但大眾的財富和權力卻逐漸減少。

馬克思相信勢無可檔的革命爆發後，階級社會將會分崩離析，最後便不再需要國家的存在。但首先，必須有一個過渡時期，資本主義瓦解後，無產階級接管中產階級國家，消除舊制度的剩餘能量，保障勞工的完全勝利。馬克思稱這個前往共產主義的暫時階段為「無產階級專政」，原本的中產階級國家現在由勞工階級占領，強制廢除資本主義與階級社會下的私有財產制度。蘇聯就在這個過渡時期當中停滯了七十年，等待資本主義世界垮台，以便前往下一個階段，迎來共產主義。不料，最後垮台的卻是蘇聯，而俄羅斯轉而走上了資本主義路線。

馬克思的理論中，摧毀資本主義制度的任務完成後，階級鬥爭也會隨之結束，因為階級已不復存在。對他來說，競爭、自私、暴力與欺騙都是階級社會的必要特質，但卻不是人類與生俱來的特性。因此，在共產主義的無產社會下，這些邪惡的特質都會消失，人類會顯露出合作的天性，此時，高壓統治的國家將顯得很多餘，便會像恩格斯說的那樣「慢慢凋零」，因為大家已經不需要國家了。共產主義下所有生產的物品與資源都會依需求分配，因此共產社會的人民是為所有人付出，而所有人的需求也會依公平的原則被滿足。人民不會將自己製造的物品收歸私有，因為私有財產已經隨著資本主義消亡了，而且在共產主義的運作之下，大家也不會想保有私有財產。

馬克思對共產主義的描繪非常粗略有限，而且出人意料的是，對資本主義消逝後的預期情況談得並不多。可是他對資本主義內部運作的說明卻是長篇大論、枯燥乏味，尤其是長達多卷的《資本論》（*Capital*），雖然並未完成，但內容鉅細靡遺，這無疑是很強烈的對比。馬克思對共產主義著墨得不多並不是偶然，他曾表示「所有書寫未來的人都是反動分子」。他嘲弄烏托邦社會主義者，認為他們在書寫未來的時候，不過是重複了中世紀的地方自治主義。馬克思希望對後資本主義的未來保留開放的狀態，交由難以預見的發展去決定。他是早期工業資本主義的主要分析家與批判者，但對共產社會可能的未來又所談甚少，這是他刻意保留的模糊空間。

作為第一個正式的馬克思主義國家，蘇聯最終解體的歷史大大損害了馬克思的理論；雅各賓黨人在法國大革命時挪用盧梭的思想，嚴重傷害了盧梭的名譽。同樣地，接下來我們會看到，納粹擁抱德國哲學家弗里德里希·尼采的思想，也是重挫了尼采的聲望。這其實十分不幸，因為實際上蘇聯和卡爾·馬克思的思想並沒有什麼交集。一九一七年的俄羅斯依然是封建社會，試圖跳過資本主義，直接進入共產主義，這點就違反了馬克思歷史發展階段循序漸進、環環相扣的概念。西方的資本主義漸漸演進到後工業形式，並沒有像末日般崩解，已經駁斥了馬克思的分析；福利國家的興起與中展階級的擴張，也都不是馬克思的預言。諷刺的是，二十世紀出現穩定財政與貨幣的政策，以因應景氣波動循環，卻剛好有一點來自馬克思的思想，因此，他的思想被形容是「自我挫敗的預言」，因為反而還幫忙拯救了資本主義。

然而，**西方二〇〇八年爆發的金融危機引起了大家對馬克思的關注**，他主張資本主義會增加不平等、不穩定、不公平的現象。現在的政治科學家形容美國的政治體系是財閥統治，比起民主，更像是有錢人治理；部分經濟學家最近也表態說長期下來，資本主義只是會為富人快速累積財富而已。同時，今天正在發展資本主義的經濟體（如中國與印度），它們的狀況就和十九世紀的西方非常相像，就是馬克思分析後又痛批的社會狀態。這些都顯示了不管以哪種形式存在，只要資本主義存在的一天，幾乎可以肯定我們都需要馬克思的言論來診斷這種制度，或許有一天，他的文字還會成為資本主義最終的訃文。

22

心理學家
弗里德里希・尼采
Friedrich Nietzsche, 1844～1900

弗里德里希・尼采一生飽受心理疾病之苦。尼采的父親在他五歲的時候死於「腦軟化症」。尼采的心理疾病在青少年時期第一次發作，主要症狀有嚴重頭痛、視力喪失、情緒大起大落、憂鬱低落、嘔吐等，而且在往後的三十幾年間每況愈下。最後他澈底精神崩潰，再也沒有復原。在那之後，他又活了十年，但完全喪失行為能力，於一九〇〇年與世長辭。心理失調造成了尼采的精神不正常，讓他丟了巴塞爾大學的教職，必須在三十五歲時退休，而且退休金很少。接下來幾年他孤獨地漂泊著，寫下的作品如今聲名大噪，但在當時卻是籍籍無名。

關於尼采生病的根源一直都沒有定論。尼采堅稱，痛苦和疾病是福分，能刺激想像力，讓生病的人擁有健康的人所沒有的深度。他宣稱：「巨大的痛苦最終會解放心靈。」他相信自己最多產的時刻恰巧也是最痛苦的時刻，也借用疾病的語言來「診斷」現代文明，想用生病與健康、軟弱與強壯來取代好壞、善惡的語言。在《快樂的科學》（*The Gay Science*）一書裡，尼采借用一位「瘋子」來說明自己對新時代的預言，向困惑未解的大眾宣稱「上帝已死」。西方對基督上帝的信仰喪失之際，虛無主義是他認為必須可以也應該克服的狀況，這種情況的解藥是「超人」，超人是傑出的天才，洋溢著創造力與權力意志，只有在掙脫道德的束縛後，才能茁壯，因為尼采認為道德是一種疾病。所有的神明都已死去，尼采主張西方文明正在一片開闊的海域上，沒有了傳統道德的枷鎖，好事與壞事都再度成為可能。如果沒有心理疾病的糾纏，尼采可能永遠都不會有這個重要的見解，至少他自己是這麼認為的。

或許就因為尼采需要對抗內心的惡魔，他才常常以心理學家自居，認為自己擁有特殊的天賦，熟知他所謂的「心理分析藝術」。西格蒙德·佛洛伊德（Sigmund Freud）和卡爾·榮格（Carl Jung）也都認同尼采熟知心理分析，佛洛伊德甚至避免深入研究尼采的作品，因為他知道自己的理論有很多來自尼采，這樣可能會降低自己理論的原創性。尼采深受心理學吸引，對傳統哲學感到萬分失望，於是用心理學取代傳統哲學。他喜歡對思想作心理分析，再「駁斥」這些思想。在尼采手上，心理學是一種方法或武器，用來討論他不認同的思想家（如柏拉圖、盧梭與康德）以及他們的崇高思想，揭發背後邪惡、不得體的動機（如尼采所見）。尼采把這些人的觀點視為潛在心理疾病的症狀。「一位思想家除了將自己的肉身轉化為最高層次的智識形式，其他事情都沒有必要，」他寫道：「轉化的行為就是哲學。」不論這個方法有多不公正，尼采的文字都充滿了犀利的心理洞見與出色的分析，還常常能機敏地深深看穿人類以及人類與自身思想的心理關係。這種分析技巧用在尼采自己身上也十分有效，他也是第一個承認分析對自己狀況有效的人。

尼采的家人喊他「弗里茲」（Fritz），父親是路德教派的牧師，家裡幾代都是新教的教士。他母親也是牧師的女兒，尼采的出生地（在今日的薩克森安哈特邦）和馬丁·路德（Martin Luther）的出生地很近，相距不過七十公里，路德的精神在尼采的故鄉占有很重要的位置。尼采認為基督教是他所鄙視事物的源頭和象徵——他的成長背景無法阻止他這麼想，反而還可能是他後來選擇反對基督教的關鍵原因。他用自己的筆，發動了一場個人的反基督教運動，他有本書就叫《反基督》（*The Anti- Christ*）。他反抗的是他自己的成長背景，亦即整個歐洲的社會、政治、道德與宗教秩序。古時候的猶太人揭竿起義，導火線就是因為怨恨且羨慕那些壓迫他們的有權人士，而尼采相信散播奴隸道德叛亂思想的正是基督教。尼采主張，雖然猶太人和基督教在武力上打不過奴隸主，可是他們獲得了道德上的勝利，因為他們發明了「善」與「惡」的概念，賦予了奴隸價值與利益。這就是此後主宰西方道德制度的「家譜」，可是尼采認為這樣的概念不利於其他所有的美好。在尼采眼中，基督教的反猶太主義不過是場詭計，用來隱藏這些共謀者深厚的聯盟關係，一起來對抗強壯健康的人；他也形容基督教是猶太人的陰謀，代表生病虛弱的人想征服世界，但一般的狀況下，這些人往往是被健康強壯的人所控制。

對尼采而言，道德是人類的發明，有開始就有結束，現在我們已經走到了西方基督的道德終點了。如同前基督時期、還沒有善惡概念的古時貴族戰士社會，尼采預言後基督時期的未來會到達「善惡的彼岸」（這又是他另一本書的書名了）。他深信現代的西方社會越來越不相信基督上帝，任何以此為基礎的信仰以及「歐洲道德的所有內涵」也都會隨著基督教崩解。基督教和背後的道德體系在崩解後，留下了虛無空洞，尼采認為這是建立新價值的大好機會，這個機會非關道德，而且比起奴隸，這個新價值更適合貴族主人。

精確地來說，對於這個後基督時期的新世界，尼采只有個粗略的想像，部分原因可能是這需要由未來「更高等的物種」來主宰，也就是所謂的「超人」。重點是，這種「自由精神」和現有或既有的規範或限制都不相符，規範或限制可能會影響豐沛的創造力與自然的支配力。受到躁動權力意志的驅使，這些神一般的個體將會在空白無邊的畫布上創造偉大的事物，毫不留情地拿比較「弱小」的人當作「黏土」，創作新作。對尼采而言，人類就是「醜陋的石頭」，需要超人等級的雕刻家加以雕塑，所以他才會帶著肯定的語氣寫下「可以為了貴族政治犧牲無數人類，將他們推倒，縮減為不完整的人類，成為奴隸，成為工具」。要做到這些，首先必須粉碎基督道德的枷鎖，否定「奴隸」代表的可憐、同理與同情價值。尼采對古希臘人十分推崇，他們不會受這些頹廢的情感影響，所以才能達到人類藝術的顛峰；現代文明就是受到了這類情感影響，才會在創意的深淵裡萎靡不振。

以前的「雕刻家」將自己的意志加諸於世界時，犧牲了大量凡夫俗子的性命與福祉，但他們並不會受到良心的折磨，如：亞歷山大大帝、凱撒大帝、切薩雷・波吉亞（Cesare Borgia）與拿破崙。尼采非常景仰這些意志堅決又鐵石心腸的「藝術家暴君」，然而，換到現代，尼采崇敬的偉大典範卻是純粹的藝術家，而不是藝術家暴君，這個人就是德國詩人兼作家歌德（Goethe）。

超人的主要目標與效用就是創造文化與價值，填補基督道德的空缺，相對於這個目標，政治位居次要。然而，在超脫善惡的世界裡，任何事都可能發生，偶爾出現的藝術家暴君，如拿破崙，必定會依照自己滿腔的權力意志與喜好，無情地涉入人類事務。因此，尼采盛讚拿破崙是「政府的藝術家」。

考量到這些概念，要談論尼采的政治學實在不容易。他沒有提出正向的政治體系或目標，更別說是理論了。他自認是後基督時期的先知，在後道德的世界裡，藝術家將帶著自己豐沛的權力意志形塑一切，主宰全世界。對尼采來說，藝術是「生命至高無上的使命，真正形而上的活動」。尼采的政治學是為了藝術而存在，要達到最偉大的藝術（包含政治藝術），就必須平衡兩種原則：第一種尼采稱之為「戴奧尼索斯精神」，以希臘的酒神、舞神、宙斯之子戴奧尼索斯（Dionysus）為名，這種原則無拘無束，陶醉在熱情之中，意志純粹；第二種尼采稱之為「阿波羅精神」，以太陽神阿波羅（Apollo）為名，也是宙斯之子，這種原則是井然有序，溫和協調，美好型態。綜合兩者的結果就是「控制下的熱情」，這偉大的作品是力與美的結合，以原創美感的形式，平順地平衡相反的元素。

尼采眼中的超人對外在世界施加意志之前，首先必須征服自己。他必須是一名戰士，完成內在靈魂的戰役，進行「自我征服」的過程，在心理上塑造自己，之後才能算是準備好可以去塑造外在世界。尼采喜歡用受控的、有自我紀律的方式來表現自然衝動，以此創造美並建立價值，而美與價值絕非盲目恣意的衝動所能創造的。雖然尼采崇尚健康、粗野、原始衝動不受良心拘束的維京戰士與日本武士——相形之下基督徒與民主派就顯得懦弱平庸，違背生命本質——可是尼采的最終理想則處於更高的層次。自然的權力意志，必須由一種有創意的想像來表達與管理，古希臘悲劇那般的卓越水準即是如此。這意味著創造統一的自我來管理內在混亂的情緒與欲望，讓其中一個驅力主導其他所有驅力，從而定義自我，形成個人「風格」。這個自我的創造也是藝術家必須創造的第一個作品。

不難看出為什麼尼采的觀點會受到納粹歡迎，也不難理解為什麼有許多人把他歸類為法西斯哲學家。他的文字充滿了「金毛野獸」與「權力意志」的指涉概念，也自詡為野蠻無德戰士的倫理先知，專為新的種族服務，這個種族是高人一等的「超人」，而超人將會把低人一等的普羅大眾降格為奴隸。諷刺的是，尼采十分反對德國的民族主義（他稱德國人是「奴役種族」），也常常批評反猶太言論。他十分不屑妹妹伊麗莎白（Elizabeth）的反猶太觀點，所以成年後，大多時間都不在德國生活或工作。尼采還擁護精英主義與個人主義，本能地蔑視「從眾」的人，他應該會對希特勒和納粹用民粹主義煽動大眾的行為十分反感。如果他再活得久一些，就能親眼看到納粹展現出他最鄙視的群眾社會與主流政治。

不幸的是，尼采的妹妹伊麗莎白是狂熱的納粹支持者，阿道夫・希特勒（Adolf Hitler）常常應她的邀請，公開參觀伊麗莎白在威瑪創立並管理的尼采檔案館，這對尼采死後的名聲造成了負面的影響。希特勒的私人攝影師海因里希．霍夫曼（Heinrich Hoffmann）也一同前往，並拍下了一張照片，照片中，這位獨裁者在檔案館的主要接待室對著尼采的大型半身像沉思。德國媒體大肆報導了這張照片，照片也收錄在霍夫曼著名的傳記《不為人知的希特勒》（*Hitler as Nobody Knows Him*），圖片的說明文字是「站在德國哲學家半身像前的獨裁者，這位哲學家的思想滋養了兩項偉大的運動：德國的國家社會主義以及義大利的法西斯主義」。霍夫曼的照片強化了尼采與納粹的緊密連結，長達數代之久，而且廣為人知，在歐洲戰後的數十年間，這張不幸的照片幾乎摧毀了尼采的聲譽。

到今天，尼采已從這不公平的納粹負面連結中洗清名聲，更躍上了更高的地位。他是思想史上廣為人所閱讀並引用的作家，受歡迎的程度絕對令尼采自己驚訝，因為他曾公然表態，對流行思想嗤之以鼻。他寫道：「討好大家的書一定惡臭難耐，下等人的氣味會緊緊附著在這些書本上。」這或許有點酸葡萄的心理，因為他自己的書並不暢銷。比起尼采提出的治療方法，他對西方文明危機的診斷還持續在我們的時代發酵，而他的診斷比疾病本身還要糟糕，雖然那些強調尼采處方的人聲音很大，但幸好只是少數邊緣的一群。

儘管尼采患有精神疾病，但他對現代自由民主社會基本假設的分析和批評並不會因此被拒之門外，譬如說，長期以來，許多世俗的自由派都主張現代的自由主義、平等主義與人權都源自法國啟蒙時期對基督教的反動，但尼采堅信這些現代原則實際上都是基督道德的直接產物，是對最窮困、最弱勢族群的關懷。縱使尼采自己的評價十分不樂觀，但研究西方道德情操的歷史學家現在都逐漸同意尼采的邏輯，這不僅挑戰了當代的自我形象，還將自我形象的許多核心價值和宗教信仰喪失緊緊連結在一起，餵養了道德虛無主義的幽魂，而這正是尼采曾經警告過的現代核心危機。

當代

CONTEMPORARIES

27
自由論者
弗雷德里希・海耶克 1899 ~ 1992

28
自由派
約翰・羅爾斯 1921 ~ 2002

29
自主開發者
瑪莎・努斯鮑姆 1947 ~

30
登山者
阿恩・奈斯 1912 ~ 2009

23

戰士聖雄甘地

Mohandas Gandhi, 1869 ~ 1948

甘地經常被形容為溫柔善良的聖人。他確實是，但最重要的一點是，甘地是正義的鬥士，或許已經到了準備好犧牲自己和追隨者性命的地步了。甘地最欣賞的就是無懼的態度，面對致命攻擊他毫不退縮。甘地在南非工作時，曾代表印度人發起對抗總理揚・史穆茲（Jan Smuts）將軍的運動，他完美地運用了非暴力的抵制策略，進行遊行和罷工，向政府施壓，試圖廢除種族歧視的法規。在這場抗爭中，有將近二十年的時間，甘地遭到毆打、私刑與駭人的牢獄之災。一九一四年一月，在南非建築鐵路的歐洲工人因經濟因素全體罷工，由少數白人把持的政府岌岌可危。然而，甘地馬上取消了先前宣告的抗議示威，因為利用對手的弱點是不對的。面對甘地突如其來的讓步，史穆茲措手不及。史穆茲其中一位秘書告訴甘地這個為難的窘境：

我不喜歡你們這些人，一點也不想幫助你們，可是我該怎麼辦呢？你們在我們有需要的時候伸出援手，我們又怎麼能對你們動手呢？常常，我很希望你們像英國的罷工一樣，採取暴力的行徑，那樣的話我們立刻就會知道該如何處置，但你們甚至不願傷害敵人，情願讓自己受苦，用禮節與騎士精神要求自己，也不願意打破這些原則，只希望能用這種方法獲得勝利，害得我們無奈又無助。

一九一四年六月間，甘地和史穆茲協商出一部新的《印度救濟法》（Indian Relief Bill），使南非的印度人再度能夠享有基本權利。一個月後，甘地啟程返回印度，希望將祖國從英國幾世紀以來不對等的殖民統治中解放出來，同時希望兩國能保有友好關係。甘地在印度的運動贏得了最終的勝利，但他自己和其他人也付出了慘痛的代價，一九四八年，甘地遭到印度教徒暗殺身亡。面對甘地極度不尋常的策略，他在南非和印度敵人的反應有五個階段：漠視、嘲諷、傷害、壓制，最後是尊重。揚・史穆茲一開始對這位印度的對手嗤之以鼻，但最後成了甘地一生的朋友，而且對他十分欽佩。

甘地是優秀的策略家，長於處理衝突，可說是非暴力版的拿破崙。在歷史的鬥士中，甘地顯得十分特別，儘管對抗的是更有權有勢的敵手，他展現出的是勇於受苦的意願，抱著同樣堅定的決心，縱使自己面對死亡也不願傷人或殺人。甘地相信暴力是弱者的武器，會殺人是出於怕死的心態。最重要的是，甘地厭惡在壓迫面前表現出怯懦屈從的姿態，寧可站立死亡，也勝過屈膝苟活。最好戰的印度人（普什圖人）也是非暴力抗爭最佳的實踐者，這點甘地一點也不驚訝。他常說，你無法教會懦夫什麼是非暴力。一八九九到一九一二年的波耳戰爭中，甘地英勇地擔任救護車駕駛，英國政府還曾授勳表揚他。

甘地是西方基督與東方印度最理想的結合。他出生在印度，年輕時曾到過倫敦，希望能成為律師。甘地對英國的法律和自由十分推崇，可以說他一生都致力要讓英國統治的南非和印度能享有和英國自家一樣的司法正義。當時甘地還不是僧侶的樣子，在倫敦的時候，他頭戴高帽，身穿燕尾服，學習社交舞蹈，研讀拉丁文和法文，並開始拉小提琴。更重要的是，甘地在倫敦認識了各式各樣的人，有虔誠的基督徒、原本是基督徒的和平主義者、素食主義者、女權主義者以及社會主義者。諷刺的是，甘地在倫敦認識的基督信條，最終引導他走回印度教的根本。甘地的第一個實驗性社團（後來稱為靜修院）是以偉大的俄羅斯小說家與基督和平主義者為名，就叫做托爾斯泰農場。甘地是歷史上教派色彩最不濃厚的一位宗教先賢，他的印度教同伴有時還會抱怨他太基督教了。他堅持要給予世上所有主要宗教同等的尊敬，他會說，不管你信的是什麼教，都必須盡力成為那個宗教的典範。

甘地非暴力抗爭的想法來源是新約聖經「四福音書」裡的耶穌，他一直都說耶穌是非暴力抗爭的最佳實踐者。耶穌告訴那些受羅馬迫害的猶太人：「如果有人打你的右臉，就把左邊的臉頰也轉過去給他打；如果有人對你提出要求，還要拿走你的外套，就把斗蓬也給他；如果有人強迫你走一哩路，那你就再多走一哩。」依據羅馬法律，軍人可以要求平民幫他背行囊走一哩路，所以耶穌說，如果羅馬士兵無理地要求你背著他的行囊走一哩路，你就背著走上二哩路。為什麼要以德報怨呢？因為你處罰自己時，就會把罪刑丟回壓迫者的臉上。如果壓迫者有任何良知，他將會感受到你責難的刺痛感。甘地口中的耶穌不使用暴力，積極對抗羅馬帝國，而不是毫無骨氣，面對邪惡消極地不做任何抵抗。

甘地在個人和政治上都追求神聖的境界。在他年輕時，自身的性慾和其他欲望讓他越來越困擾，他尋求內在平靜，希望利用哲學與肉身衝動保持距離。那時他在南非擔任律師，看到了白人的控制欲和非白人族群的卑怯順服，這些也都令他煩躁不安。一抵達南非時，甘地自己就從火車的頭等廂被趕出去，只因為他的膚色不對。甘地的志業就是找到個人心理和社會壓迫之間的關連，他的想法和美國激進的自然主義者亨利・大衛・梭羅（Henry David Thoreau）一樣，也和約翰・羅斯金（John Ruskin）與列夫・托爾斯泰（Leo Tolstoy）相同，都認為現代資本主義鼓吹大家喚起擁有更多商品的欲望，助長羨慕之情與社會競爭，形成了階級與種族壓迫的心理溫床。甘地追隨心中的英雄典範蘇格拉底，一直堅持世界的和平與正義有賴個人靈魂的平靜與和諧。因此，他追求社會正義時，總會回到嚴以律己的苦行靜修院，並自願過著貧困的生活。

甘地的禁欲主義比較世俗，是為了追求和平與正義。所有的將士都必須恪守嚴格紀律，才能無視身體上的欲望，學習接受痛苦，甚至是死亡。僧侶亦同，禁欲正是這樣的訓練，學習犧牲小欲小望，最終便能學會犧牲自己的性命。非暴力抗爭的勇氣有賴多年的訓練，學習自我控制、自我淨化與自我折磨。甘地的追隨者會認真發誓，與貞節、貧窮與服務為伍，必須齋戒、勞動、工作與祈禱。這些完美自我的練習本身就是目標，也是培養勇敢戰士爭取社會正義的方式。個人要臻於完美，就必須先治癒這個世界，甘地很有名的發言就是人要成為自己想看到的改變。

甘地創造了一個字 satyagraha 來形容他的世俗禁欲主義，意思是「堅定地追求真理」，來源是梵文的 satya，這個字代表「真實」、「真理」。甘地曾這樣解釋：「藉由讓自己人受苦，來征服對手。」satyagraha 的體現就是非暴力抗爭的勇氣，也就是 ahimsa，意思是「非暴力」。如果我們願意赴死，就不需使用暴力保護自己的生命。傳統上，禁欲紀律只留給傑出的精神運動員，沒有任何宗教傳統會期待大家都做得到，可是甘地相信實際上大家都有能力遵守嚴格的紀律，他的目標是將禁欲理想民主化。在實際上，他嚴格的茹素習慣差點造成妻子、孩子與自己死亡，他要求的的規範也讓他的家庭關係十分緊繃，這種甘地式的生活甚至是家裡都做不到。至於他廣大的追隨者，有很多人在各項運動中都採取驚人的暴力手段，尤其是在印度。人生最後的三十年間，甘地致力促進印度教與伊斯蘭教的友好關係，以期帶來更統一的印度，然而，最後看到的卻是屠殺四起，以及殘酷的種族暴力，還有第一次印巴戰爭。雖然印度和巴基斯坦都不戰而獨，成功脫離英國，但甘地依舊覺得自己畢生的心血澈底失敗。

甘地生來就是戰士、聖賢，他是政治家中最有哲學意識的，也是哲學家中最深入政治的。除了對真理、暴力與禁欲的理論外，甘地又重新思考了政治裡目的與手段的關係。他總是說暴力與非暴力不是殊途同歸，印度獨立即是一例。他很清楚訴諸暴力和非暴力運動帶來的未來光景會非常不同。第一，我們每個人選擇的行為和痛苦都會影響我們成為什麼樣的人，如果選擇暴力，我們也會變得暴力。暴力之眾要如何建立真正的和平呢？第二，甘地就像有騎士精神的戰士，總是希望和對手和解並保持友好關係。他用愛當劍，用真理當盔甲，之前與他為敵的人後來和他都有了和諧的關係基礎。第三，甘地很瞭解政治充滿了不確定，我們只能確保自己當下的選擇而已，所以犧牲眼前的美好換取不確定的未來一點都不合理。手段會變成目的，唯有和平的手段才能帶來真正的和平。對甘地來說，非暴力不只是一項策略，還是一種道德信條。

甘地主張，他的非暴力抗爭信條普世通用，而且道德上毫無瑕疵。非暴力抗爭的邏輯是拿壓迫者的罪刑來懲罰自己，藉此喚醒壓迫者的良知。如果壓迫者沒有良知，那麼這個非暴力訴求就會失敗。不過一般來說，民族國家並沒有良知，所以國與國之間的和平主義代表的是姑息侵略國，甚至連甘地都批評一九三八年《慕尼黑協定》（Munich Agreement）對希特勒的綏靖政策。在納粹與共產政權下，惡毒的意識型態完全或是部分地蒙蔽了政權代理人的良知。人類良知不存在的地方，非暴力抗爭就無法阻擋邪惡，或許抗爭能夠感動南非的史穆茲將軍，但無法動搖納粹德國的海因里希・希姆萊（Heinrich Himmler）。此外，甘地式政治需要自由溝通，以協調直接行動，如果非暴力抗爭的領導階層突然消失，那麼集體行動還有什麼希望呢？因此，只有在享有基本公民自由的國家裡，甘地式政治才能有效運作。別人問甘地，在納粹德國下的猶太人該如何是好，他也只說得出集體自殺這個答案。

如果甘地的非暴力抗爭無法普世適用，那道德上真的毫無瑕疵嗎？不幸的是，集體行動往往會傷害到無辜的第三方。甘地在印度對政府的杯葛運動，導致英國蘭開夏開除了一群同情甘地的紡織工人。杯葛與罷工也總會傷到許多非關衝突的局外人，造成這些人的損失。此外，甘地的自我絕食懲罰在當時很多人的眼中，其實就是道德勒索。在那些「絕食到死」的背後，甘地其實是在威脅他的對手：「除非你停止正在做的事情，否則我會餓死自己。」雖然沒有到殺人這種強人所難的程度，但也還是在強人所難，而政治一定會牽涉到某種程度的強人所難。甘地的非暴力抗爭往往比暴力脅迫更有效，也更有道德，**但即使是非暴力政治在道德上也無法毫無瑕疵**。

然而，甘地厲害的地方就是讓大家看到禁欲紀律可以協助維持非暴力抗爭的英勇政治。馬丁・路德・金恩博士（Martin Luther King, Jr.）是甘地十分有名的後繼者，他訓練追隨者採取非暴力的抗議和有耐心的苦行。金恩的非暴力政治是為了廢除美國南部種族隔離的法律，他的運動會成功是因為美國享有基本的公民自由，而且多數的南方人存有良知，不會對種族不平等充耳不聞。或許甘地式政治最戲劇性的成功是發生在一九八九年的東歐，長達數個月之久，大規模的抗議群眾耐心地忍受實質且危險的暴力，終於推倒了共產政權，包含波蘭、捷克斯洛伐克、羅馬尼亞、保加利亞、匈牙利、東德以及波羅的海國家。如果不與邪惡共舞的群眾勢力夠龐大，就沒有政權可以繼續走下去。政治科學家發現，消除迫害人民政權最有效的方式，通常就是非暴力的抗議。

甘地式政治不是一體適用，也不是毫無道德瑕疵，可是比起暴力，在大多數的狀況下，這樣的方法是通往社會與政治公義比較好的道路。甘地在世時，進步派常常批評他的政治理念是退化回中世紀，或只是保守式的反動。然而，未來似乎是和這位追求和平的僧侶戰士站在一起。

24 聖戰士

賽義德・庫特布

Sayyid Qutb, 1906～1966

一九四八年，一名懷抱理想的現代文學教師離開家鄉埃及開羅，前往美國科羅拉多保守乾燥的鄉村小鎮格里利，就讀科羅拉多州立師範學校，接受專業訓練，這位教師就是賽義德・庫特布。他除在在格里利上課，也在他參訪的其他美國校區接受教育，但現實與他的期望很不同。他從美國寫信回家，驚恐地描述學校裡的人無恥濫交，著迷於粗暴的運動，而且這裡有錢萬能，人人都愛錢。就像大多數的旅人一樣，庫特布比較瞭解自己的國家，而不是前往造訪的國家，也比較熟悉自己家鄉的觀念。他看到美國男女共學的制度（「像動物般將不同性別混雜在一塊」），還有充斥著物質主義與種族主義的社會，於是從一名溫和的伊斯蘭教徒轉變成為激進的伊斯蘭教徒。因此，科羅拉多的格里利可能會被視為現代好戰伊斯蘭的發源地，實在不可思議。

離開美國返鄉不久後，庫特布加入了埃及的穆斯林兄弟會，他支持賈邁勒·納瑟（Gamal Nasser）的軍事政變，但很快就與這位價值觀比較世俗的將領鬧翻。遭納瑟監禁期間，庫特布不斷被刑求，但直到一九六六年處以絞刑之前，在獄中的他還是努力寫下了六冊的《古蘭經》評論，也因此成了伊斯蘭現代政治第一位偉大的殉道者。許多西方人經常以為伊斯蘭的好戰派主要針對的是基督徒或猶太人，但庫特布的人生、思想與死亡都顯示了現代伊斯蘭激進主義針對的主要是穆斯林國家的政府，以及支持這些政府的西方人。如果不先瞭解其實基督徒殺害的大多是基督徒，猶太人殺害的大多是猶太人，穆斯林殺害的大多是穆斯林，那就不可能理解宗教動機引發的暴力行為。**宗教暴力主要都是內部對立**，我們看到甘地就是遭到同為印度教徒的人所暗殺。

像很多虔誠的基督徒、猶太教徒和穆斯林一樣，現代生活的世俗主義令庫特布深感困擾，這樣的生活形態下，宗教只剩下安息日當天偶一為之的宗教儀式。在他眼中，現代人與動物無異，他們在週間吃喝、睡覺、購物、賺錢、交配，心中沒有上帝，只有在安息日崇拜時才是有靈性的人。人類每天過著物質的生活，而只有在清真寺裡才有靈性。庫特布無法接受這樣的精神分離，只有將自己的整個生命完全整合並奉獻給上帝，才會有真正的幸福，所以每次用餐、每份工作、每段友誼、每次為人父母都是對真主的祈禱。庫特布理想中真正的伊斯蘭社會不是持續自我否定的苦行世界，而是一個完整的世界，在伊斯蘭法律溫和人道的限制下，能充分享受人生中所有的樂趣。他說伊斯蘭教需要投入整個人生，而不是只有在安息日崇拜的時刻才展現虔誠，物質與精神的追求完全統合為一之前，我們永遠都不應感到快樂。他說伊斯蘭不是宗教，而是整體的生活方式。

伊斯蘭好戰派經常被批評是退化回中世紀或是過於保守反動，而庫特布不斷地呼籲要以第一代的穆斯林為標準，來判斷之後的伊斯蘭教是否走下坡，但庫特布的伊斯蘭教就像其他的基本教義派一樣，用的完全是現代的概念。傳統的伊斯蘭教裡，各種傳統和法理學派的詮釋是研讀《古蘭經》的依據。可是這些庫特布全都反對，他提倡回歸純粹的古蘭經文，回歸自己的詮釋。傳統的穆斯林社會裡，伊斯蘭法律和穆斯林個人之間存在許多中介，包含倫理風俗、部落耆老、法學家與國王，庫特布希望跳過所有的中介，每位穆斯林只需直接遵守伊斯蘭法律即可。在傳統社會與宗教的階層中，他提出的是激進的平等；在傳統的政治威權下，他提倡的是前衛的自主自由。庫特布認為唯有每個人能直接遵從上帝，自由、平等、同儕情誼等現代概念才有可能存在。

要理解庫特布的神聖主權，就不能不提到《聖經》和《古蘭經》裡善妒的上帝形象，祂堅持我們只能忠於祂一個神：「除我以外，你不可有別的神。」亞伯拉罕宗教的精神不僅是神聖的一神教，還是神聖的一夫一妻制，上帝不會容忍不忠，也就是說，不能崇拜其他的神。庫特布堅稱人類信任財富、軍事力量、科技或人類政府時，就已經犯下了不忠的罪。神聖主權意味著除了上帝之外，我們不能屈服於任何的人類力量。政治主權的現代理論和神聖主權互不相容，這點庫特布無疑是對的。如果人類政府握有主權，那上帝就不是主權；如果上帝握有主權，那就沒有政府可以代表主權，因為主權的定義本身即是不可分割的。所有現代政府都宣稱握有主權，等同於否認上帝的主權代表。庫特布反對「上帝會以某種方式選任人間的統治者，並與他分享主權」這樣的說法，因為上帝會嫉妒，祂要求的是完全的忠誠。「沒有眾神，只有上帝」，意思就是只有上帝能代表主權，只有上帝能代表法律，只有上帝能代表威權。

由於只有一個上帝，所以只有一種人。傳統上，伊斯蘭教與阿拉伯有著特殊的關係，不僅是語言上，在更大的國家概念上也是。然而，庫特布堅稱應該掃除這些國家與文化疆界，用一個全球的伊斯蘭社群取而代之。他抨擊猶太教只是一個部落信仰，也批評基督教只是精神信仰，而只有伊斯蘭教具有普世特質，為每個人的個人、家庭、經濟、社會與政治生活提供全面的指引。

「伊斯蘭」字面的意思是「順從」，庫特布主張唯有完全臣服於上帝，才能享有真正的自由。如果我們臣服於人類，便陷入了奴役的狀態，因為我們將受制於人類無常的意志。臣服於上帝代表順從完全理性又公正的意志，這種順從才能帶來真正的人類自由。盧梭認為隨意順從任何人類的意志是奴役，但順從「公共意志」則會帶來自由，庫特布同意盧梭，不過他主張只有神聖意志才是真正的公共意志，公眾意志並不是真正的公共意志。

庫特布理想中的伊斯蘭統治者，或哈里發、伊瑪目，並不握有獨立的威權和立法權力，他只是上帝的副手，負責詮釋、應用並執行伊斯蘭法律。庫特布理想的政權是由上帝統領（真正的神權統治），但神權統治後來變成教士統治，於是庫特布認為伊斯蘭教難以落實神權統治，因為並沒有教士。伊斯蘭統治者缺乏教士或聖人的神聖威權，哈里發只是代表同輩間的第一人選。每位哈里發都應該由穆斯林人民推選而出，他只能執行伊斯蘭法律，只要哈里發執行伊斯蘭法律，人民就有義務遵守。

庫特布的聖戰理論十分出名，他被稱為「伊斯蘭恐怖主義的哲學家」，儘管他堅持不得攻擊女性與兒童。一開始，庫特布的聖戰意味著對抗誘惑的精神戰鬥，他認為無法克服自身內在的不公，就無法有效地為社會正義奮戰。

雖然信仰上的傳道、懺悔、見證都是聖戰的一種，但庫特布很清楚聖戰也代表了「殺人與被殺」。他為聖戰說話，認為這是神聖的戰爭，用來對抗眼中沒有上帝的人，他指出《舊約》也站在聖戰這邊，而且十字軍東征時，基督徒發動的也是聖戰。傳統上，聖戰最初的正當理由是為了殲滅阿拉伯的異教信仰，但後來變成穆斯林保護家園免受無信仰之人的攻擊。庫特布的新見解是從防衛型（部落型）的聖戰轉化為建立伊斯蘭信仰的全球奮鬥，他開創了另一種聖戰，主要是直接針對伊斯蘭社會的穆斯林統治者。

庫特布的聖戰受到宗教整體論潛移默化的影響，如果伊斯蘭教代表的是整套的生活方式，那穆斯林就必須非常努力地控制個人、社會、宗教與政治活動的各個層面。伊斯蘭教無法自成私人宗教或儀式，也無法不受經濟與政治生活影響。庫特布認為除非穆斯林生活的各個面向都遵循宗教精神，否則「宗教自由」就會失去意義。重點是，這表示在伊斯蘭政體中，穆斯林可以包容基督教徒和猶太教徒作為少數，但在非穆斯林的政體裡，作為少數的穆斯林便無法依照信仰過生活。

聖戰和全人類的宗教自由要怎麼彼此相容呢？庫特布認為《古蘭經》支持聖戰和全人類的宗教自由，「持續戰鬥，直到壓迫不再，直到所有人都臣服於上帝為唯一的神為止」，而且「宗教裡沒有強迫」。因此，如果穆斯林身處的社會並沒有在各層面都遵守伊斯蘭教義，那麼即使領導者是伊斯蘭教徒，穆斯林還是受到了宗教壓迫。不過，真正的伊斯蘭政體能包容猶太教和基督教少數的宗教自由，異教徒完全可以繼續自己的宗教生活。伊斯蘭政體建立後，聖戰就會以傳道和見證的信仰形式展現，終有一天會贏得多數猶太教徒和基督教徒的心。因此，聖戰創造了普世通用且真正宗教自由的環境。

許多西方人認為伊斯蘭教需要進行改革，才能與現代的自由主義和平共存，但其實好戰的伊斯蘭教之前早就一心想要進行改革了。如同宗教改革早期的路德派和喀爾文派，庫特布也譴責教士、神學家與法學家的墮落貪腐。馬丁路德的口號就是「唯獨聖經」，庫特布的則是「唯獨古蘭經」。就像喀爾文派試圖恢復純樸乾淨的「原始」基督教那樣，庫特布也希望能回歸第一代穆斯林純粹的伊斯蘭教。數個世紀以來，伊斯蘭教像天主教一樣，也吸納了許多《聖經》裡沒有記載的宗教習俗，如：神秘主義、禮拜儀式、尊敬先烈與神壇、行進活動、宗教音樂與藝術。好戰的伊斯蘭教和喀爾文主義一樣都反對傳統，激烈地批評過去的宗教習俗與藝術形式都只是偶像崇拜，清教徒建立的政治社群只遵守《聖經》法律，庫特布也試圖找到只遵守《古蘭經》的世界。

庫特布相信人類比較偏向宗教動物，而非經濟動物。如果馬克思主張「宗教是大眾的鴉片」，那庫特布就會說馬克思主義和資本主義都是大眾真正的鴉片，現代政治人物利用更多的物質資源對群眾「下藥」，但大家真正想要的其實是精神上的意義。令現在許多人感到驚訝的是，二十世紀的阿爾及利亞、利比亞、埃及、以色列、印度、巴基斯坦地區出現許多世俗革命，全都引發了宗教反革命。這局面庫特布一點也不感到驚訝，如果人類天性會渴求唯一神上帝的知識，那麼經濟與科技再怎麼進步都無法回應這些渴求。回過頭想，其實是二十世紀中期的世俗進步主義派太過天真地看待人類天性。庫特布會說所有的政治衝突根本上都是神學衝突，西方帝國主義爭取的不是經濟或政治權力，而是基督霸權。尊崇唯一的真神，還是崇拜我們創造的假偶像，是大家唯一需要做的政治選擇。

如同西方人在宗教改革時的體悟，沒有什麼比回到過去更具改革力了，在我們的世界裡，庫特布回歸《古蘭經》的承諾也有相同的戲劇張力。在本書前面，我們提到了第一位伊斯蘭政治哲學家阿爾．法拉比，他很自信地認為伊斯蘭教能囊括西方最傑出的哲學思想和科學知識；相反地，庫特布則很害怕伊斯蘭教會深受西方的藝術和科學汙染。現在，世界的命運有很大一塊掌握在伊斯蘭教手中，只是取決於哪種形式會占上風。

25 放逐者

漢娜・鄂蘭

Hannah Arendt, 1906～1975

漢娜・鄂蘭曾兩度在納粹的勢力下九死一生。一九三三年時，她遭到柏林蓋世太保逮捕，被關了八天。鄂蘭被釋放後，立即逃往巴黎，後來因為猶太血統遭剝奪了德國國籍（一直到戰後取得美國國籍前，她都是個沒有國籍的人）。一九四〇年納粹入侵法國時，鄂蘭再度被捕，被軟禁在靠近西班牙國界的集中營裡，被視為「外國敵人」。幸運的是，那年夏天法國戰敗，在一團混亂中，鄂蘭獲准離開集中營。她保持低調，接著納粹新的傀儡政府短暫地鬆綁了出境許可政策，鄂蘭和丈夫這才逃到了美國。一九四一年，三十五歲的鄂蘭抵達美國，口袋裡只有二十五美元，只會一點點英文，也還沒寫下現在大家熟知的作品。鄂蘭是極權主義政權下遭壓迫的受害者，經歷了兩次流亡，這些背景真真切切地形塑了她的政治觀。這時，鄂蘭動筆寫下讓世界注意到她的書籍《極權主義的起源》（*The Origins of Totalitarianism*）。

鄂蘭首次廣受矚目是在一九六〇年代初期，當時她的書《平庸的邪惡：艾希曼耶路撒冷大審紀實》（*Eichmann in Jerusalem*）剛出版，原先是刊在雜誌《紐約客》（*The New Yorker*）。一九六一年時，她擔任雜誌記者，在以色列報導阿道夫・艾希曼（Adolf Eichmann）的戰爭罪行，艾希曼正為他在納粹大屠殺中扮演的角色接受審判。鄂蘭驚訝地發現，在種族屠殺的事件中，艾希曼是一位平庸粗率的官僚人物，並不是狂熱瘋狂的納粹思想擁護者，而是個「再普通不過」的一般人。這在當時引起了極大的爭議（直到今天也還是辨論的議題），於是，鄂蘭提出了審判正當性的疑問。她強力譴責猶太復國主義派守著過時的國家主義思想，還停留在十九世紀德國的民族觀念。她尖銳地批判戰時納粹授意猶太議會裡工作的猶太人，糟糕的是，鄂蘭引來尖刻的指控，說她暗示這些猶太人在大屠殺時與納粹合謀是在「指責受害者」。戰爭前，做為猶太人的她受到其他德國人的排擠，在此之後，其他猶太人也開始排擠她。即使鄂蘭在美國不算遭到排擠，但作為流亡分子、歐洲知識分子以及獨立自主的女性，她在戰後美國中部的大眾消費社會裡，依然是一個邊緣人，而鄂蘭也在美國度過了餘生。

鄂蘭在戰前的德國還是位年輕的女性，學習的是哲學與神學，當時對政治並不敢興趣。這一切就在一九三三年起了變化，納粹掌權，她被迫流亡保命。二十年後，在美國的鄂蘭想法上有了很大的轉變，現在她認為政治擁有獨立價值，而且至關重要，但理解或覺察到這點的現代人並不多。她批評哲學把持政治的現象，認為這要一路回溯到柏拉圖，鄂蘭宣稱在柏拉圖之後，哲學家在西方思想的起源注入了這股反政治最初的偏見，幾乎毫無例外，這些思想扭曲了公眾生活，侵害了大眾的判斷力，還往往會導致災難性的後果。鄂蘭一反長久以來的思想傳統，希望恢復希臘最初對政治的理解，因為參與公共事物對人性極為重要，政治並不是像湯瑪斯．潘恩描述的那樣，只是必要的惡。對鄂蘭而言，自柏拉圖後的西方哲學家遺漏了政治行為關乎存在的重要性，也否認了這份重要性本身的高尚特質。正因為這些言論，部分評論家批評她希臘的復古情懷，也不滿她對哲學的反智敵意。

最能清楚表達鄂蘭觀點的是她最重要的政治著作《人的條件》（*The Human Condition*），裡頭描繪了政治在希臘原本的意思，而且如同亞里斯多德所言，人類本質上是政治動物。這本書清楚劃分出了三種活動：勞動、工作與行動。

鄂蘭認為對古希臘人來說，勞動是最低階、最基本的人類活動，這點我們和其他動物無異。我們會滿足自己基本的生理需求，如：吃飯，這最貼近天性，也能夠協助延續生命。相反地，工作不只是身體的生存，而是參與生產活動，打造一個充滿耐久產物的世界，諸如科技、建築與繪畫，這些都不只是活著而已，這些是動物不會做的事。鄂蘭認為這是古希臘重視工作勝於勞動的原因。目前最高的層次是行動，政治場域是共享的公共空間，自由的公民能聚在一起討論城市裡的公共議題，藉以行使代議的權力，展現個人身分認同，確立共有的公共世界。鄂蘭告訴我們，再也沒有比這種特定的聚會更像人類行為了，她認為這就是古希臘政治的本質。比較低階的勞動和工作被緊緊綁在私領域（家庭、農場、工作坊、市場），因存續必要而生；而行動只會發生在公領域，那是自由的場域。在鄂蘭心中，只有積極參與公共事務的公民才能體驗自由，只是隨心所欲不管政治的私人生活無法真正體驗自由。

如鄂蘭呈現的那樣，在古典的希臘城邦世界裡，政治是公民超越天性的舞台，也是透過集體行動形塑人類身分認同的地方。我們需要在共同的公共空間一同行動、一同發言，才能確認彼此共有的現實，所以如果一個人只在乎自己的私事，希臘人會輕蔑地說他是idiōtēs，也就是蠢蛋的意思；如果是形容特別關注公眾利益的人，則會稱為polítēs。尋求哲學知識而擱置公共責任的哲學家，和被排除在政治外的非公民奴隸都一樣，在最初的希臘世界裡都是蠢蛋，套用鄂蘭的話，就是因為「想過著完全的私人生活，所以首先會被剝奪真正人類生活不可或缺的事物」，這呼應了亞里斯多德的中心思想，也就是若想過上真正的人類生活，就無法撇除政治。只不過鄂蘭相信政治是人類的產物，政治和人的天性相去甚遠，亞里斯多德則主張人類是天生的政治動物。霍布斯與洛克則認為政治主要是保存生命的手段。但他們錯了，根據鄂蘭的論點，政治的存在主要是能賦予人類生活的意義。

鄂蘭認為哲學家和暴君在政治上非常相像，哲學家宣稱擁有真理知識，而且想要強加在其他人身上，必要時還會採取強硬的手段，正因為如此，柏拉圖才會反對民主，支持慈愛的哲人王，柏拉圖認為治理是一門科學，富有見識的菁英經過適當的訓練後，能學會從他人的利益出發，並依此行事。在鄂蘭眼中，這種家長式治理完全與希臘最初對政治的理解相反，希臘政治的意義應該是眾多公民公開分享言行，從而建立一個共有的世界，而不是以尋求真理為目的。鄂蘭認為放任哲人王、理論家、技術官僚或懷抱知識的專制君主等菁英階層掌握政治，會對人類帶來毀滅性的破壞力，因為會以不自然的方式將人民集結在共享的公共世界。她認為猶太人的歷史悲劇顯示出這群人在政治上遭到排擠，在政治上吃閉門羹，於是猶太人對政治現實的人性和感知都被剝奪了。鄂蘭擔心這會成為現代的常態，最後世界將會生起政治病，如：極權主義和部落民族主義。她說，面對這種有害的傾向，最佳的防禦就是回歸希臘當初的政治概念，重建維持這種狀態的制度與態度。

鄂蘭相信在現代社會裡，政治已經被擺到經濟之後了，錯置了古希臘行動、工作與勞動合理的階層關係。政治的目的漸漸變成要增加人民的財富與物質享受，反而不是制訂偉大文字與不朽行為的場域。資本主義和社會主義皆是如此，鄂蘭認為這在本質上都是古典概念裡的反政治。古希臘人將生產與消費的所有事物下放到私領域的低階位置，公領域才不會受到勞動與工作的汙染，而現代人眼中只有「政治經濟」，這和古時的想法互相矛盾，至少鄂蘭是如此認為，或是她會錯意了，畢竟事實上雅典人經常公開討論財富分配與稅務比例。法國大革命的參與者認為自己是為社會正義、貧窮與經濟不平等發聲，但鄂蘭不以為然，因為這些超出了她所認為的政治範圍。依據鄂蘭純粹古典的政治概念，對受苦難族群的悲憫之心不應進入公領域，公領域應該致力於創造一個人民共有的言行世界。

鄂蘭認為卡爾・馬克思就是這種現代傾向的完美例子。馬克思提高了勞動的位階，在鄂蘭眼中，這同樣是自柏拉圖以後的反政治症狀。確實，馬克思與恩格斯相信在共產主義的制度下，已不再需要國家，國家會「慢慢凋零」，由自我管制的社會取代，大家彼此友好，會自動自發地合作。換句話說，到最後政治本身會消失。對馬克思而言，勞動是「人性的極致展現」，但在鄂蘭心中的古希臘社會，勞動是人類活動的最低階層。再談談資本主義，約翰・洛克主張政府的目的無他，只在保障財產，但鄂蘭認為這點應該完全被排除在政治之外。

鄂蘭表示現代有越來越多的貧富議題進入到公共生活，確實是如此；真正的政治最終會消失，也恰如馬克思所預言。在這裡我們看到了鄂蘭口中的社會，「混合了政治領域與私人領域，很是古怪」。社會具有從眾的傾向，與實際公領域的多元和自由相對。鄂蘭強烈反對社會議題介入政治，或是政治議題介入社會，她看到了這些現象，認為如此下去政治將失去人性特質，譬如說，她不認為政府立法消除社會中的不平等和歧視有任何意義。平等是國家整體「內心最深處的原則」，只適用於人與人之間的政治層面，不適用於團體與個人之間的社會層面。在社會層面，歧視的行為是合法的；但在政治層面，則絕對不合法。正因為如此，鄂蘭反對美國戰後的政府試圖給種族隔離安上罪名，這點很具爭議，因而樹立了許多左派的敵人；同時，鄂蘭贊成戰後的美國廢除執行社會種族隔離的法律，也因而樹立了許多右派的敵人。這兩項政策都是政治與社會彼此滲透的例子，鄂蘭主張如果要保存真正的政治本質，就必須抵抗這種現象。

鄂蘭將政治套上崇高的形象，沒有現代思想家在這點比得上她，她也是最清楚不關注公共社會的風險有多高的人。鄂蘭眼中的理想畫面是古希臘的城邦制度，這也提醒了我們，在政治世界最佳的狀態下，會是個能充分發揮人性的場域，偉大的事情都有可能實現。這可以是一個充滿勇氣、深度言論、自由、人民共同行為的地方，可以幫助我們從蠅頭小利和短視近利中昇華，進入共享活動與共同成就的境界。我們此刻的時代與政治過於疏離，這些思想是很寶貴的一課。歷史上施行這種政治體制的例子並不多，甚至連接近的例子也不多，讓我們不禁懷疑是不是這種形式的政治只能交由英雄去體現，而不是平民百姓呢？就連古代的雅典人都達不到這種理想，可能真的要是烏托邦才能實現了。鄂蘭說現代政治行動的具體實例是革命，但這是例外狀況，並不適合作為平穩政治秩序的基礎，甚至是現代革命也往往會導致連鄂蘭都會皺眉的政治災難。不過，心存理想與標準可以引導行動與舉措，比起純粹實用主義裡漫無目的的空洞政治要好得多了。

26

主席
毛澤東
1893～1976

一九四九年十月一日，世界最大的共產國家在北京中心的天安門廣場由毛澤東正式宣布誕生。毛澤東出身地方的小村落，是信奉馬克思的務農人家，他教過書，也曾擔任過圖書館管理員。一九二一年時，他到上海參加中國共產黨第一次全國代表大會，就在一間女子學校的教室裡舉行，當時只有十三位代表。後來毛澤東一路往上爬，直到他站在北京天安門，看著中央廣場滿滿的人群，歡呼聲此起彼落，祝賀他成為新中國的國家領導人。他成功地領導共產黨打贏了斷斷續續長達二十多年的國共內戰，贏得勝利後，他領導著國內的五億人，占當時世界四分之一的人口。

站在這個高高在上的位置，毛澤東又更上一層樓，成為人民崇拜的對象，是世俗的神，也是中國人民意志的化身，至少他官方的地位是如此。數以百萬的人民長途跋涉，前往天安門廣場參加集會，向中國人民的「偉大舵手」致意，許多人稱毛澤東為「我們心中最紅的太陽」。「毛主席萬歲！」大家不斷喊著：「毛主席萬歲萬歲萬萬歲！」學生時代的毛澤東生在帝制之下，每天早晨都會和同學一同謙卑地對受人景仰的孔子畫像敬禮。而革命後，每天早上人民則是向毛澤東的畫像敬禮。今天一張兩層樓高的毛澤東畫像依舊高高掛在天安門廣場，不遠處是一座陵寢，他保存完善的遺體就葬在那裡，供世人瞻仰，而那裡曾經是這座皇城的主要入口。

就意識型態而言，毛澤東是馬列主義的革命派，他大量並深入地閱讀卡爾・馬克思和他俄羅斯的追隨者弗拉基米爾・列寧（Vladimir Lenin）的著作，列寧在一九一七年帶領國家走向社會主義，恰巧就在毛澤東成為馬克思的忠實信徒之前。不過，毛澤東大量調整這兩個人的思想，以符合二十世紀中國的特殊狀況，因此創造了獨特的政治意識型態，將馬列主義「和中國具體實踐相結合」，後來成為眾所周知的毛澤東思想，是中國一九四九年後國家官方的意識型態。確實，毛澤東的想法和政策不斷地在改變，經常會順應情勢調整自己的想法，他以「辯證」思想家自豪，公開擁抱生命與思想的矛盾本質，所以很難明確地知道「毛澤東思想」到底是什麼。部分正統的馬克思主義者斥責毛澤東思想扭曲了馬克思的思想，但毛澤東認為自己不過是取用了馬列主義的「普世真理」，應用在適合中國歷史條件的情境之中。

二十世紀前半的中國還不是資本主義社會，人民過著赤貧半封建的鄉下農村生活，工業相對稀少。因此，中國並未達到馬克思口中共產主義必要的物質生活水準，這種生活比較可能出現在成熟資本工業經濟體崩解後的地區，如：法國、德國、英國（馬克思只有這些地方的第一手資料）。在傳統的馬克思主義者眼中，中國還沒成熟到可以採行共產主義，共產主義必須先瓦解封建制度，接著將社會現代化，從資本主義的灰燼中重生，才能解放大量的生產勞動力，滿足共產制度下所有人的生活所需。

毛澤東反對這樣的論調，相信雖然中國相對而言比較「落後」，但這對發展社會主義不是問題，他真的相信中國將躍居領導地位，帶領全球走向革命秩序的未來。他主張由共產黨引導廣大的農民從鄉村站起來，建立民主的獨裁政權，動用國家力量從根本上協助半封建的中國轉型，透過「大躍進」運動改變社會、文化與經濟，朝共產邁進。馬克思認為歷史上不可能達成這樣的成就，因為政治發展必須緊跟著經濟發展。

馬克思相信社會主義意識的真正承載者是都市裡的工業勞動階級，也就是他口中的無產階級，他認為農民在歷史上和這個毫無關連，筆下「鄉村生活的愚蠢」等字句都帶有輕蔑的語氣。馬克思成年後都住在西方工業化的大城市，資本主義已經將封建社會的耕地農夫階級掃蕩殆盡，但二十世紀上半葉的中國並沒有明顯的無產階級，所以馬克思認為革命不太可能發生在這裡。毛澤東把目標設定在鄉村農民，以他們作為中國革命的主要族群，而不是都市工人，因為這個族群占了百分之九十的人口。他自己就是農夫的兒子，對都市生活和高級菁英充滿不信任，他一直覺得自己是鄉下來的鄉巴佬——這點和盧梭相同，毛澤東年輕時曾讀過他的《社會契約論》。這兩個人都對都市深感懷疑，盧梭把都市視為罪惡和低落的來源，毛澤東則認為都市是反革命的中心。國共內戰時期，毛澤東領著鄉村的農民軍作戰；一九六〇年代中期發動了文化大革命，毛澤東將都市居民送到別的地方，向農民學習「無產階級的美德」。他的平民策略希望解放廣大的農民，中國數百萬的農民長期受到壓迫，不斷受苦而且極度貧困，毛澤東希望藉由他們的力量推翻存在城市裡的舊政權。這就是為什麼毛澤東思想在發展中國家十分受到社會主義團體革命派的歡迎，諸如柬埔寨的赤棉與秘魯的光明之路。毛澤東主張不是所有通往共產主義的道路都需要先經過資本主義，但馬克思和列寧卻認為資本主義是必經之路。

毛澤東不會執著在單一一條共產主義的路線，部分原因是他相信歷史往往是由有自覺的人類活動塑造而成，而不是完全由不具人味的經濟因素驅動。在政治發展和經濟生活中，毛澤東還容有「主觀因素」的存在空間，如：意志力、文化與想法，這點和馬克思不同。這樣的信念成了支持毛澤東的意識型態，也注入了他兩次試圖讓中國轉型的運動：一九五八年起的大躍進和一九六六年起的文化大革命。毛澤東一心想著「正確的意識型態覺知」，這反映了他內心的信念，他相信投身革命的人有能力用他們的理念塑造社會現實，但傳統的馬克思派可不這麼認為。

消極面來說，這樣的運動有系統地摧毀了中國傳統的文化與價值，「先破壞，再建設」是當時的口號。因此毛澤東發起針對「破四舊」的社會運動，要破除舊思想、舊文化、舊風俗、舊習慣。譬如說，他將傳統婚姻風俗現代化，要打破「數千年不正當的禮教風俗，女子在任何方面，都無位置」。不過，這還只是開端而已。如同宗教改革和法國革命派的恐怖統治，毛澤東的文化大革命釋放出了猛烈的破壞力量，甚至連他自己都始料未及。秉持著「過去壓迫現在」的想法，革命群眾開始大規模地打碎雕像，拆除廟宇，恣意破壞墳墓與佛寺，還焚燬書籍字畫。這場社會運動也包含了反孔子的行動，毛澤東年輕激進的紅衛兵摔壞這位先賢的雕像，砸毀孔家曲阜的墓地，甚至開挖至聖先師最終的安息之地，摧毀了封建中國最後的傳統象徵。

積極面來說，毛澤東打算「立四新」來填補「破四舊」，樹立新思想、新文化、新風俗、新習慣。他形容中國人的特色是「一窮二白」，因為是一張白紙，「好寫最新最美的文字，好畫最新最美的圖畫」，於是街道以革命與英雄之名重新命名。毛澤東的妻子江青同樣熱衷於文化大革命，帶頭製作新的革命「樣板戲」，歌頌對抗外國勢力和階級敵人的丈夫和平民。樣板戲是當時唯一許可的娛樂，常常在中國各地的學校、工廠與田地裡搬演。

馬克思主義是渾然天成的國際主義政治意識型態。馬克思認為各國差異只是人為的區分，其實各國的勞工階級有許多的共通點，他和列寧都希望能透過全球性的革命帶領各地走上共產主義的道路。「工人無祖國」，《共產黨宣言》是這麼告訴我們的，而毛澤東也同意這點。不過，他也相信應該結合國際主義與愛國主義，這又是另一個調整馬克思主義以符合中國特色的地方。毛澤東經常訴諸中國國家主義來動員農民群眾，一同抵擋全球資本主義。基於同樣的原因，毛澤東支持世界各地反殖民的民族解放運動。智識上與意識上，結合國家主義與國際主義對公開擁抱矛盾的人不會有太大的問題，這些人相信「對立統一法則」就是「宇宙的基本準則」。史達林同樣對俄國人訴諸愛國情操，尤其是在第二次世界大戰的時候，與此同時，官方還是持續堅持共產主義的世界觀。

不過，馬克思、列寧、毛澤東還是有意見一致的時候，如毛澤東所說，世界要改變，一定需要槍。毛澤東和列寧堅信理想世界的建立有賴殘暴的手段，對此毛澤東從未退縮，他們都是馬基維利口中「具備武力的先知」，也是這位文藝復興外交官心中最高階的統治者，馬基維利很清楚政治要成功，暴力是不可或缺的要素。毛澤東嚴肅地說：「革命不是請客吃飯，不是做文章，不是繪畫繡花」，呼應了馬基維利的觀點。統治中國時，毛澤東謹守「槍桿子裡面出政權」的教條，他建議要丟掉槍的話，首先必須「撿起槍」。不論是否執政，他都不斷努力建立一個不需要槍枝的共產社會。擁護馬克思、列寧、毛澤東理論的人都同意只要是將人類推向共產主義，某程度的戰爭、暴力，甚至是恐怖行動都是合法的手段。這些人都準備好為了實現人類共同的夢想而犧牲大量的人類成本。孔子教導的是和諧，毛澤東傳授的是「永不停息的革命」，「失衡是常態」，他相信「所謂平衡，就是暫時的相對的」。他認為生命充滿了矛盾，無可避免地會不斷出現動盪與衝突，至少在共產主義來到之前都會如此。

毛澤東相信階級鬥爭在革命結束後還會持續，甚至在封建和中產剩餘勢力反擊時會更加白熱化。文化大革命開始時他寫道，每隔七或八年會需要政治和社會的暴力重組，以重振國家，再興革命精神，他擔心革命後中國官僚制度的惰性會澆熄這種精神。毛澤東的革命不是一時的事件，而是社會矛盾各方永恆的鬥爭。

毛澤東擔憂費盡全力激起的革命精神會在他去世後逐漸逝去，這股在文化大革命醞釀的鬥爭氛圍是他自認最偉大的成就，這份恐懼其來有自。後來的中國政權與共產原則漸行漸遠，毛澤東的技術官僚繼任者保留毛澤東的個人形象，但逐漸地放下他的意識型態，所以對馬克思主義來說，這個國家顯然十分矛盾，因為國家成為了共產政府把持的資本經濟體。因此，儘管毛澤東現在仍是中國官方推崇的人物，但毛澤東思想盛況不再。孔子學說再次興起，很明顯地，毛澤東思想已經漸漸失去對國家的影響力了。這位偉大的舵手曾警告過同志，表示如果他的繼任者步上錯誤的道路，那麼「後世子孫絕對會反動，推翻父執輩」，然而現在已經到了毛澤東子孫輩統治中國的時候了，卻沒有這種跡象。不過，現在中國所得不均的狀況名列世界前幾名，甚至比美國還要嚴重，如果再這樣下去，毛澤東的曾孫世代很可能會重拾中國現代之父的共產思想。

27

自由論者
弗雷德里希・海耶克
Friedrich Hayek, 1899～1992

一九七四年，弗雷德里希・海耶克和瑞典經濟學家貢納爾・默達爾（Gunnar Myrdal）一同成為了諾貝爾經濟學獎得主，令這位奧地利出生的英國經濟學家十分驚喜。自一九六九年諾貝爾獎增設經濟學獎以來，海耶克是提倡自由市場的第一位得主。在當時，海耶克實在是爭議性太高了，諾貝爾委員會不得不讓海耶克與默達爾一同獲獎，畢竟默達爾提倡的是社會民主與福利國家。貢納爾・默達爾甚至比英國經濟學家約翰・梅納德・凱恩斯（John

Maynard Keynes）還要早提出政府應該運用財政與貨幣政策介入市場，以穩定經濟。相反地，海耶克則是帶頭反對凱恩斯總體經濟政策的知識分子，然而幾乎所有戰後的民主國家都採用了凱恩斯的經濟政策。據稱，一九七四年時的美國共和黨總統理查．尼克森（Richard Nixon）曾嘲弄地說：「我們現在全成了凱恩斯主義經濟學派。」

凱恩斯經濟學派對於政府管理經濟的能力抱持樂觀的態度。在這股思潮如日中天之際，海耶克強力捍衛自由市場的立場顯得非常過時。默達爾後來很失禮地致電諾貝爾經濟學獎，希望他們撤銷獎項，也不要頒獎給海耶克這種「保守反動派」。其實海耶克並沒有主張政府永遠都不應該干涉經濟，他支持公共社會保險政策，這樣才能保護所有人民免於面對極度貧困的情形。如果說澈底的自由論者將政府的權力限縮在軍警服務，那麼海耶克可說是溫和的自由論者。儘管海耶克受到部分保守思潮的影響，但他拒絕被貼上「保守」的標籤，認為自己是亞當．史密斯傳統中的「古典自由派」。社會民主人士譴責海耶克是保守反動派，因為對許多正統主義的人來說，他還不夠接近自由意志論。當時自由意志論的領頭作家艾茵．蘭德（Ayn Rand）也確實說過海耶克「是我們最有害的敵人」。

弗雷德里希．奧古斯特．馮．海耶克屬於二十世紀，他於一八九九年出生在維也納，在英國和美國教過書，一九九二年在德國佛萊堡過世。在世時，他總是和主流思潮唱反調。生在國家主義導致災難連連的時代，海耶克懷抱世界主義與國際主義；在共產、法西斯、社會民主掌控經濟之時，海耶克鼓吹自由市場；整個世紀都在政治中心化時，海耶克倡導應該要政治與經濟權力去中心化。

二十世紀的法西斯主義和共產主義，怎麼會覺得自己有辦法控制大型工業社會的整體經濟呢？這概念不是來自卡爾．馬克思，而是來自第一次世界大戰，極權主義就是誕生於全面混戰之時。衝突紛起之際，民主與專制政府都以軍事需求為名，對政治和經濟活動進行嚴格控管，徵召並管理整體經濟，經濟的目的變成提供人力與物資。龐大複雜的現代經濟可以像一家公司那樣運轉，成為政府強力的工具，政府意識到這點後，政治生態自此不復以往。獨裁者發現了新的政治權力來源，社會民主派發現了新的方法促進經濟平等。與其讓市場自行決定生產何種產品與售價，不如讓政府來做這些決定，這都是為了國家好、政黨好以及勞工好。

另一個戰爭經濟的實例就是第二次世界大戰的英國，因此海耶克相信就連民主國家都會出於政治的目的去操控經濟與社會，進而走向極權主義。戰爭時，喬治·歐威爾（George Orwell）在英國政府工作，也得出同樣的結論，我們應該回顧《1984》這本書，當時歐威爾未來的極權主義惡夢來源不是希特勒或史達林，而是戰時的英國。海耶克也在一九四四年的暢銷書《通往奴役之路》（*The Road To Serfdom*）警告過極權主義正緩緩入侵，他主張，因政治因素接管經濟的誘惑最終將導致專制。海耶克認為戰後的福利國家尤其狡猾，這些國家以房屋、教育與健康照護之名，行限縮經濟自由之實，通往奴役的道路其實是由好意鋪砌而成。

海耶克在寫這本書的時候，經濟學家對他的印象主要還停留在他對凱恩斯總體經濟的尖銳攻擊。儘管他們的經濟理論和政策立場南轅北轍，凱恩斯和海耶克都擔心戰後世界經濟與政治自由的未來。凱恩斯確實盛讚《通往奴役之路》對於市場與自由的強力辯護，然而，在寫給海耶克的信中，凱恩斯指出海耶克拒絕純粹的自由意志論，贊成大規模的社會保險，其實也是通往奴役的滑坡。凱恩斯也認為，海耶克在提倡自由的政府政策和限縮自由的政府政策之間，並沒有明確的分野。

看到凱恩斯的批評後，海耶克拋棄了經濟學，轉而研究政治與法律哲學，希望從中找到區別公共法律與政策好壞的理論基礎。他針對政治與法律哲學的研究，又引導他進入人類社會、文化與體制的核心領域。海耶克反對「人類太聰明了，所以人類文化非常複雜」的觀點。他說其實相反的觀點才是對的：因為我們的語言和文化都十分複雜，所以人類很聰明（雖然容易犯錯）。理性是一種社會制度，體現在大量的文化實踐中。海耶克同意艾德蒙．伯克，認為個人是愚蠢的，但整體的物種是有智慧的，由於我們個人的理性有限，所以應該要多利用文化傳統的累積和資本，我們的體制體現了許多知識與智慧，更勝於個人能單獨理解的智慧量或知識量。

海耶克拿伯克的論點來說明「市場比個人還要有智慧」，這也成了他評論經濟計畫的基礎：即使是有超級電腦的輔助，任何計畫者知道的事情也不會比各路買家賣家的加總來得多。市場包含了上百萬生產者和製造者的經濟知識，一個計畫者要如何通透所有地方資訊與個人知識呢？消費者知道他們想要什麼，也知道自己的負擔能力，而生產者知道他們的成本多寡和供應狀況。許多經濟知識不是顯而易見的知識，而是表現在我們的交易行為、地方風俗以及個人習慣上。僅僅一位中央計畫者無法一手掌握知識多樣的全貌，因為這超出了個人頭腦所能處理的範圍。

海耶克區別出兩種秩序：體現在大自然中與人類文化中的自發秩序，以及體現在人為產物與軍隊的設計秩序。自發秩序有機成長，例如語言與道德；設計秩序則一定是特別製造或特別施加的秩序。在自發秩序下（例如晶體成形或市場成形），雖然我們能預測成長模式，但無法推估特定的、單獨的成分最後會出現何種結果。海耶克認為這解釋了為什麼經濟學的預測力永遠都比不上物理學，經濟學更像是生物學——生物學也無法預測任何特定有機個體的存亡，但可以預測物種形成與滅絕的模式。海耶克說經濟學家甚至無法預測經濟表現，更別說是去規劃經濟目標了。

這樣不同的秩序和人類自由有什麼關係呢？自發秩序本身並沒有目的，如：語言或市場，自發秩序只會協助在使用這項秩序那個個體的目標，因此促進了個人選擇的自由。組織單位的設計秩序則體現了設計者的目的，公司或軍隊會要求所有成員去執行領導者的目的。

於是海耶克試圖說明他對個人自由的偏好基礎，其實是基於人類知識與社會秩序的架構。自由市場創造了無限複雜的社會生態，還沒有完全瞭解市場運作的機制之前，就應該戒慎恐懼，避免為了迎合短暫的政治目的而去操控市場。以二〇〇八年全球金融危機為例，部分原因就出自於貨幣監管者尚無法理解複雜金融商品產生的新錢潮。二十世紀的歷史顯示了市場生態的脆弱，很容易因為短暫的政治激情而被摧毀。

海耶克的形容經常讓人覺得，自發與設計社會秩序是互斥的兩種機制。他告訴我們自發秩序包含「道德、宗教與法律、語言與書寫、金錢與市場」，而設計秩序包含「家庭、農莊、工廠、公司、企業、政府」。

海耶克主張市場會自發成長，政府則是刻意的設計產物。他用晶體成形來比喻自發秩序，不是只要將所有的分子放好就能形成晶體，這點海耶克是對的，但我們卻能夠創造出讓晶體可以自行成形的環境。在這種情況下，刻意設計而成的晶體就如同自發成形的晶體一般。要讓晶體在實驗室成形，研究員首先必須設計促成成形的條件，這樣的條件不是精準地決定每顆新分子的位置，而是提供自發成形的模式。簡而言之，晶體會立刻被製作成形，同時存在自發與設計。

同樣的道理，體制與立法告訴我們什麼可以買、什麼可以賣（從土地到思想），提供了市場可以成長的條件，也就是說，市場是出於自發，也是出於設計。除非我們知道可以合法地買賣什麼商品，否則通常不會冒險胡亂買賣。現代的土地、勞動力、資金市場之所以可行，正是因為有審慎的立法，廢除長子繼承制度，解放地主掌控的工人，並且核准高利貸。每天市場都因新的立法與規範而生，有汙染的市場、健康保險的市場，還有在家自學的市場。沒錯，市場是會自發成長，但前提是必須要審慎地定義法律條件下的財產權。

依據海耶克的觀點，市場會提升人類自由，因為市場會自發地協助個人達成目標；政府政策則相反，是刻意設計來達成統治者的目標，所以會限縮個人自由。然而，海耶克自己的晶體例子就顯示了社會秩序一直都是設計與自發兼具。現代市場有些部分是經由立法創造而來，由於逐漸感受到市場失靈，因此現代福利國家在過去幾個世紀以來都在自發地成長。市場與政府不像自由和強制一樣完全是對立的兩面。

海耶克認為市場生態會對可行的公共政策造成限制，這點他是對的。這些限制會影響眾多政策，影響範圍從海耶克自身溫和的自由意志主義到強勁的社會民主制度。海耶克告誡我們，要抗拒將市場轉變為政府組織的誘惑，這種誘惑在戰時很容易發生，這可謂真知灼見。市場和經濟自由遇到極權主義的中心化計畫時，將會逐漸失靈。同時，若沒有政府、立法與法院維護產權與其他權利，市場和普通法便無法茁壯。在無政府與極權主義中間，存在著許多可行的組合，去平衡法律與立法、市場與福利、私人主張與公共行政。

海耶克的思想對現在的我們提出挑戰：如何在不影響市場效率的前提下，保護所有人民基本的人類需求。譬如說，科技日新月異，許多特定產業的勞工將會成為冗員，該怎麼做才能幫助他們呢？政府經常透過公共補貼試圖協助，支援勞工生產的物品價格；或是為了保護國內產品，對海外的競爭進口商品加課關稅。海耶克堅稱這些公共政策會嚴重扭曲供需的自然平衡，將大大降低市場效率。與其維護物價或是增加進口關稅來保護國內產業或農業，他認為不如直接保障全民最低的基本收入。我們要保護的是勞工，而不是他們過時的工作。如此一來，動態市場的經濟可以和全民的經濟安全和平共存。

海耶克主張，中心化的經濟計畫永遠都無法和自由企業的完全生產匹敵，只有戰爭時期的動員是例外。由於海耶克的這些論點都是在經濟大恐慌資本主義崩解時提出來的，所以常常遭到嘲弄或是被忽略。不過他也活得夠久，能親眼看到自己的論點在共產國家垮台時被證實，如：蘇聯、東歐與中國地區。如果我們承認市場是不可或缺的存在，那麼我們其實都是海耶克的信徒。

28 自由派
約翰·羅爾斯
John Rawls, 1921 ~ 2002

如同馬基維利，約翰·羅爾斯也很清楚「運氣（不論好壞）在我們的生命中扮演了關鍵的角色」這個道理。羅爾斯自己受到命運之神的眷顧，出生在家境不錯的家庭，在穩定舒適的生活中長大，接受的也是一流教育。他於一九二〇年代出生在巴爾的摩的富裕中產階級家庭，這樣的背景並沒有讓這家人免於悲劇的考驗。羅爾斯的兩個弟弟在他生病時受到傳染，雙雙病逝，他自己戰勝了病魔，但弟弟卻沒有，造成了他心靈的創傷。第二次世界大戰時，他在太平洋戰區作戰，儘管身邊許多人沒能活著回家，但他還是活了下來。廣島原爆之後，羅爾斯經過了這個遭戰火燃燒的地區，親眼看見地毯式轟炸之後的斷垣殘壁，之後他寫下了這段經歷，並譴責這是「極大的錯誤」。晚年，羅爾斯書寫過往的戰爭經歷，因為親身體驗過戰爭，所以他對神聖正義的信念被澈底摧毀；一九四三年入伍美軍服役前，他正在學習想成為美國聖公會的牧師，但三年後，他的心中已經沒有了信仰。羅爾斯的後半輩子都花在研讀道德與政治哲學，而不是學習神學，他試著尋找世俗的正義理論，想要調和殘酷命運之神的捉弄。一九七一年他寫下了《正義論》（*A Theory of Justice*），這本書是二十世紀數一數二重要又具影響力的政治哲學著作。

羅爾斯認為沒有社會是公平的，社會的運作就像抽獎，個人一生的運氣交由隨機的命運決定。對於天上掉下來的好運氣，沒有人能夠理直氣壯地說是自己應得的，如：天賦或家產；那些遭逢不幸和承受身體殘疾的人，他們也不是活該要遭受飛來的橫禍。根據羅爾斯的說法，這些隨機的結果「從道德的觀點而言無常多變」，因此不應該影響到人生未來的前景和機會，這就只是不公平而已。不論各自的解讀為何，大家反而應該「同意分享彼此的命運」，以解決運氣無常不均的影響，每個人才得以享受平等的機會，過上好的人生。物資與資源應該要依公平的正義原則分配，而不是隨意配給。

但「公平的正義原則」是什麼呢？我們又要怎麼找出這些原則呢？要回答這些問題之前，羅爾斯邀請讀者想像自己蓋上了「無知的面紗」，在完全不曉得自己人生境遇的情況下去思考：該選擇哪種財富與財產的分配方法。這項思想實驗的用意是讓我們在「不顧個人境遇」的條件下，去思考什麼是公平的正義原則，因為個人境遇很容易會讓我們為了自己的利益下判斷。這和法院審判很像，對於與案件無關的被告資訊，陪審團必須毫不知情，判斷才不會偏頗，所以我們才會說正義是盲目的，不會也不應看到不相關的事物。

審判時，如果有人告訴陪審團一些與案件無關但可能會讓被告顯得有罪的資訊，法官應該指示他們不要理會，意思不是要他們真的忘記，因為不可能靠意志就讓自己忘記，只不過陪審團在審酌案情時，需要將這項資訊擱置一邊，才能確保公平。思考正義時，如果不曉得自己會處在社會的哪個位置，就算是自私的人也能毫無偏私地做出選擇。羅爾斯稱這為「公平即正義」。

一個理性又自私的人使用這種方法思考時，將會選擇最安全的選項，免得有一天不幸跌到不公平社會的最低階層，自己的情況才不會比其他人差。羅爾斯進一步說明，理性中立的人如果戴上了「無知的面紗」去思考自己在社會的位置，他們將選擇兩種正義原則，以管理社會的基本結構，並確保物資的公平分配。第一，人人都享有平等的自由。第二，不平等只能出現在幫助「社會最沒優勢的人取得最佳優勢」（他稱為「差異原則」），而且大家擔任公職和工作的機會要均等。羅爾斯口中平等的自由包含基本的政治權利和自由，諸如言論自由、集會自由、投票自由以及參選公職的自由。這些是大家在不知道自己境遇的狀況下會想選擇的權利，因為是「理性的人會想要的東西」。你不需要知道自己的任何資訊或位置，就會想要上述的基本自由，羅爾斯認為所有理性的人都會想要這樣。然而，爭議點在於他特別排除了擁有「特定財產（如：生產方式）的權利和放任主義規範的契約自由原則」。因此，沒有人有權利坐擁大型企業和重要資源，這些是現代工業經濟的基本要素，如：工廠、銀行、水電，它們就是「生產方式」。羅爾斯認為在公平的社會裡，沒有人能毫無限制地擁有或拋棄合法取得的財產，這和約翰．洛克的主張相反，譬如說，繼承有錢父母的財產這件事並不公平，因為這只是好運，而運氣和正義相反。羅爾斯相信公平的社會應該在可能的範圍下，抵銷隨機事件對人類生活前景的影響。正義有賴有序的社會基本架構，意外的優勢與劣勢應被視為整體社會的共有財，而非私人財產，這和馬克思的共產主義很類似（「各盡所能，各取所需」）。譬如說，天生身體有殘疾的人就不應該承擔隨之而來的額外成本，因為這不是他們的錯；如果有人生而聰慧，也不應因此占有優勢，因為這是不勞而獲的優勢。正因為如此，大家才會視羅爾斯為「運氣平等主義」的重要楷模。

不過，羅爾斯不是馬克思主義者。在《正義論》中，他說理性中立的人在戴上「無知的面紗」時，他們會同意某程度的財富不均，以改善社會中最窮困族群的生活，只能有這個例外。在某些狀況下，允許部分的人賺得更多，將可促進經濟成長，改底層者的生活——前提是，如果多賺到的資源真的能觸及到生活條件最差的人。譬如說，如果特別有天賦的人多賺一點可以幫助到社會最窮困的人家，那多賺一點是可以允許的，或許在經濟擴張的社會中，可以透過加稅重新將財富分配給窮人。和盧梭不同，羅爾斯反對統一減少大家的財富以求平等，不贊成為了更平等而讓大家變得更窮。盧梭同意蘇格拉底，認為財富會腐化道德，於是盧梭偏好物質條件較差（儘管不是非要如此）但平等的社會，羅爾斯覺得這樣違反人之常情。許多馬克思主義者和社會主義者覺得羅爾斯的節儉等於是出賣了資本主義。不過，後來羅爾斯也主張，即使在比較溫和的資本主義社會裡，正義的自由原則實際上可能也不可行。

羅爾斯主要都在談什麼是正義，關於如何落實相對談得比較少。不過他確實有提到需要一個強大有行動力的國家。他說：「透過稅收和財產權必要的調整，可以維持接近正義的合理分配比例。」這可能意味著累進所得稅和繼承的重大限制，這兩種方法都已經很接近已開發地區的常態了。同時，需要制訂法律管制價格，預防「不合理的市場力量」過於集中，大多成熟的西方經濟體普遍都已經這樣做了（只是程度不一），不過都還沒到羅爾斯理想的程度。

許多人看完《正義論》的結論是，這本書十分用心地在為戰後福利國家的資本主義說話，因為這種制度最能落實書中追求的正義原則。可是後來羅爾斯反對這種說法，公開質疑這個制度造成的不平等是否符合正義原則。在他人生最後一年出版的書《公平即正義：正義新論》（*Justice as Fairness: A Restatement*）當中，他主張不管如何調整或規範，都沒有任何資本主義的形式可以維護他那兩個正義原則。一個公平的社會有賴一些比較激進的元素，羅爾斯把這些激進的元素模糊地稱之為「擁有財產的民主制度」，或甚至是一個社會主義的狀態，在這種狀態下，重要的水電與大企業都應該屬於政府，而不是個人。換句話說，政治自由主義可能會需要社會主義（或社會民主）經濟才能落實。

《正義論》引發了學界數十年的激烈爭論，最後成了貨真價實的產業，主導了英語系國家的學術政治哲學，而且還長達不只一個世代的時間。很大程度上，自由政治哲學與學術政治哲學的分界已模糊難辨，大部分都要歸因於羅爾斯。事實證明，他的思想會刺激思考，同時也縮小了政治理論的範圍。那些年裡，美國變得非常多元，必須適應越來越廣的信仰體系、宗教與價值觀，都對自由理論和實踐造成了很大的挑戰。羅爾斯下一本重要的著作《政治自由主義》（*Political Liberalism*）則直接點出了解決這些挑戰的方法。

不同於柏拉圖和亞里斯多德這類的古代哲學家，羅爾斯認為難以期待所有人在原則上和行動上都同意單一一種美好的生活，因為這樣在多元的社會裡既不理性也不實際，而且理性的人對於人生的目標一定會抱持不同的看法。不過，即使彼此之間存在很深的哲學差異，依然可以也應該同意有限度的政治原則，好讓大家能和平地合作。大家接受個人與社群之間的信念，這種原則就像是雙方都同意的遊戲規則，交由國家作為公正無私的評審或裁判來執行。其他替代方案不是強制大家服從一套完整的理念，就是無限上綱地延長群體間和個人間的內戰，重演十七世紀重創歐洲的宗教戰爭。這些選項都不符合長久存續、公平又穩定的社會概念，若沒有這樣的社會（如霍布斯所說），生命中其他的美善幾乎都難以實現。多元社會存在多元的價值和信仰，維持社會長久和平的代價就是克制自己，不要強迫他人接受自己的觀點，這種態度是羅爾斯口中的「明智」。這種態度不是相對論，因為多元性依舊受到政治正義廣泛的自由原則約束；這也不是一元論，一元論相信單一的普世生命樣態，而這種態度接受美好生活裡合理的多元樣貌。明智其實是一種介於相對論和一元論的中間路線，平衡了多元與約束。這種政治自由主義結合了私人信念的多元與公共原則的同質，羅爾斯覺得這是處理彼此差異最好也最公平的方式。

不過，在羅爾斯這種自由主義者眼中合理的事，在一般人眼中不一定都是合理的，譬如說，如果有人完全相信神聖文本的戒律確實來自於上帝，可能就會認為服從世俗的正義原則十分不合理，因為這種原則認為應該把「合作的公平系統」放在第一位。同樣的邏輯可以套用在相信來世的人身上，他們相信永恆的祝福與永久的天譴。如果有人確實把自由政治原則擺在優先順位，而且比起信仰要求，更傾向和平共存，那就不太需要羅爾斯多費唇舌了。至於其他人，說他們「不合理」的話，不管是原則上還是實際上都解決不了問題，因為合不合理本身就是意見嚴重紛歧的地方，而且可能一直不會有共識，任何試圖定義「合理」的言論最後都會陷入爭論循環。再者，要求大家將個人信仰與公共原則劃清界線的政治哲學，勢必會引發是否中立的質疑。

約翰．羅爾斯在嚴重的戰後衰退中，復興了政治哲學，這點備受讚譽。他用少見的力度與深度，很有野心地想解決政治與道德最基本、最根本的問題，不僅改變了這科學門，也建立了二十世紀後半英語系國家討論政治正義的詞彙。透過羅爾斯的思想，觀念上，自由主義很可能可以和政治與經濟平等、深度文化與宗教多元相互協調，因此拓寬了自由主義新穎的道路，許多人覺得政治意識型態的知識日益陳腐、了無新意，羅爾斯也為這個領域注入了新鮮的空氣。這些貢獻都毋庸置疑，也奠定了羅爾斯作為政治哲學史要角的基礎。現在的自由社會面臨嚴峻的考驗，不管公平即正義還是政治自由主義最終誰會出線，今天都還沒有肯定的答案。

29

自主開發者 瑪莎·努斯鮑姆

Martha Nussbaum, 1947～

在賓州布林莫爾的菁英學校鮑德溫（Baldwin School）唸書時，瑪莎·努斯鮑姆學的不只是法文、拉丁文與希臘文，還開啟了一生對戲劇的熱愛。那時她一邊寫作，一邊籌辦戲劇，還在劇中擔任主角，搬演以法國大革命馬克西米連·羅伯斯比（Maximilien Robespierre）為本的戲劇。中學時代，可以看到努斯鮑姆日後成為道德與政治哲學家的許多重要特質。努斯鮑姆精通古典語言，所以她寫希臘悲劇，也寫亞里斯多德。之後我們會看到，亞里斯多德確實是努斯鮑姆一生的試金石。努斯鮑姆熱愛戲劇，從而發展出哲學與文學之間發人深省的對話，她總是能用文學眼看待哲學，也能從哲學腦思考文學。從編寫羅伯斯比劇本的這件事，就已經可以看出之後努斯鮑姆對社會正義和政治革新持續一生的熱情，而且她可沒有學壞，沒有學到羅伯斯比的恐怖統治！從年輕的時候，努斯鮑姆就開始發展自己卓越的才華，致力讓更多人有機會進行自我探索，這是她在鮑德溫學校學到的事。

努斯鮑姆的道德與政治思想源自整個西方傳統，從柏拉圖到約翰·羅爾斯。如同亞里斯多德，努斯鮑姆一直主張道德與政治生活的基本目標能造就全人類的幸福。她對幸福的定義不是有快樂的感覺，而是要能夠發展個人潛力——她稱之為「人類繁榮發展」，這點上她再次與亞里斯多德意見一致。努斯鮑姆的整個學術生涯都致力在探索人類繁榮發展的意義：真正的幸福人生有什麼元素？要怎麼衡量人類發展呢？努斯鮑姆一生都是政治活躍人士，努力為長期遭受不平待遇的人發聲，尤其是女性、窮人與身心障礙者，這些人沒有機會繁榮發展。同時她也認為，非人類的動物也應該享有更多繁榮發展的機會。

比起人生道路上的阻礙，「人類幸福」或是「人類繁榮發展」都更難加以定義。努斯鮑姆早年對古希臘悲劇的熱愛，帶領她看到了阻礙幸福的重大障礙，如：死亡、無知、背叛、污衊、戰爭與政治迫害。而在這張古老的清單上，我們現代人還可以加上成癮、離婚、失智與不公平的歧視。前往幸福和繁榮發展的路上確實是有很多潛在的障礙，以致於我們很可能會同意奧古斯丁的看法，也就是我們只能期望來生幸福，今生有的只是試驗與受苦。

柏拉圖有一個很前衛的策略，能保護人類繁榮發展免於這些危難，那就是單純以道德素養來定義幸福。回想一下，若想要孕育道德素養，就一定要出於對的原因，去做對的事情。柏拉圖認為每個人或多或少都有能力瞭解美善的資格條件，也有能力可以達到美善的境界。當然，如果沒有好的成長背景（這是運氣問題），而且又總能做出好的選擇，這樣的能力無法發展成為穩定的德性。一旦養成這些德性後，我們便會與德性產生連結，建立自我認同，這時，會與其他事物切割，所以肉身、家人、財產或是名聲如何改變，都不會影響到自己。藉由遵守道德素養的紀律，人類能夠自我富足，免於傷害，此後便沒有邪惡能將魔爪深入我們內在的善意堡壘。即使遭受不公平的迫害，最後被處死刑，蘇格拉底還是幸福的，因為沒有外在的邪惡可以威脅到他做對的事的堅定信念。柏拉圖筆下的蘇格拉底經常說：「寧可受到不公義的待遇，也不要讓自己去做不公義的事。」承受不公義的待遇無法觸及真正的自我，可是去做不公義的事則會傷害到自己，連帶傷害到德性意志。

柏拉圖式無懈可擊又自我富足的道德力量令努斯鮑姆十分感動，但最終她還是拒絕了這種概念。依循著亞里斯多德的思想，努斯鮑姆主張人類只是寄居在肉身上，我們會愛其他人，尤其是朋友與家人，意思就是我們不能退回安全的內在精神堡壘。生而為人就表示我們在悲劇面前總是脆弱的，因為我們的身體容易受傷，和我們所愛之人的關係也同樣易損。讓自己抽離財產、名聲與他人，甚至是自己的肉身都是有可能的，某程度的抽離確實是明智之舉，但最終我們還是會在依附中找到幸福，進而繁榮發展。柏拉圖自我富足的策略或許可以讓我們免於遭受某些悲劇事件，但代價就是會失去太多人性，只能說得不償失會是最好的狀況。

亞里斯多德追隨柏拉圖，堅稱要有幸福人生、繁榮發展，就必須擁有道德素養與智識素養。畢竟多數人的苦難都是自找的，愚蠢的信念和糟糕的選擇往往反應出自身缺乏美德，我們自己至少必須負上部分責任。努斯鮑姆同意亞里斯多德，認為發展道德素養與智識素養是繁榮發展的最佳途徑。雖然美德是必備特質，但就連美德也不足以保證能夠得到幸福，在邪惡面前，我們依舊十分脆弱。人生總是充滿悲劇苦難，要擁抱這樣的人生著實需要勇氣，而這股勇氣對人類在家庭、朋友以及鄰人之間真正的繁榮發展十分必要。在處理上述議題時，努斯鮑姆有能力借鏡古希臘戲劇、現代小說以及哲學古典著作，這點讓人眼睛為之一亮。

努斯鮑姆對政治哲學最重要的貢獻，來自她與經濟學家阿馬蒂亞．森（Amartya Sen）的合作。作為學習經濟發展的學生，阿馬蒂亞認為我們對於這類發展的衡量方式存有嚴重的瑕疵。長久以來，大家不斷以所得成長或幸福感的自我報告來衡量經濟進步，但阿馬蒂亞堅持真正應該衡量的是人類的能力，也就是說，實現人類珍貴潛能的能力，如：閱讀能力、書寫能力、運算能力、主宰自己人生的能力、交友結婚的能力、玩樂的能力、享受自然的能力以及欣賞美的能力。換句話說，經濟發展應該用亞里斯多德的話來理解，客觀地看人類珍貴潛能的實現程度，而不是去看錢賺得多寡，或只是主觀地相信自己是否幸福。在已開發社會裡，全民都應該能實現重要的人類潛能。

阿馬蒂亞口中的亞里斯多德式經濟發展論，深深吸引著努斯鮑姆，努斯鮑姆概括了阿馬蒂亞的思想，發展出自己的社會正義理論，主張在一個公正的社會裡，所有人都能取得必要的資源和機會，好發展重要的人類潛能。多數的社會裡，女性、窮人、少數族群與身心障礙者並沒有取得必要資源和機會的管道，因此，比起享有特權的人，這些人擁有的能力相對較少。努斯鮑姆也點出一個疑慮：直接問人過得好不好，能否作為衡量的標準？因為受壓迫的人往往會把標準降得很低。如果一個人不期待自己能識字，不期待能主宰自己的人生，或是不期待能參與政治，自然就不會想要這些能力，不過，假如上述都有實現的可能，並不代表受壓迫的人不會想要擁有更多能力。

如果說努斯鮑姆對阿馬蒂亞的社會正義理論概括而論，那也可以說她進一步闡明了阿馬蒂亞的理論，因為努斯鮑姆明確地列出了必要的能力，而這顯然是阿馬蒂亞沒做的事。有能力表示可以參與下列這些美好的事物：生命、健康、身體完整（自由移動與免受攻擊）、感官、想像與思想（教育與創意）、情緒（自由地愛與建立依附關係）、務實推理（做自己的主人）、與他人建立關係、與其他物種建立關係、玩樂以及控制身邊的環境（政治參與的權利與財產權）。如果一個人感到幸福，能繁榮發展，就表示他可以行使上述的能力，一個公平的社會就是讓每個人都有機會發展這些能力。

努斯鮑姆的能力清單結合了約翰．洛克和卡爾．馬克思的思想。洛克和他的繼任者，像是詹姆斯．麥迪遜，都強調政治能力，如：言論自由、集會自由以及投票權。他們認為公正的社會應該保障所有人基本的政治自由，他們也相信這些自由奠基在私有財的既定權利之上。馬克思與他的繼任者，像是毛澤東，則堅持社會政治奠基在基本的經濟權利之上，如：飲食、衣服、棲身之所、健康照護、就業等權利。馬克思說若沒有這些經濟權利，自由政治權利不過是場騙局。如果我正在挨餓生病又失業，言論自由又有什麼用？值得注意的是，努斯鮑姆的清單包含了自由政治權利，也包含了馬克思的經濟權利。

努斯鮑姆的社會正義思想也融合了亞里斯多德與約翰．羅爾斯的概念。當然，她從亞里斯多德身上取用的是人類繁榮發展與幸福的觀點，認為要將人類珍貴的能力轉化為道德素養與智識素養（努斯鮑姆口中的「能力」），才能達到人類繁榮發展與幸福的境界。然而，從約翰．羅爾斯身上取經的則是自由政體不應強迫人民成為有能力或有品德的人。還記得嗎？羅爾斯說「政治自由主義」就是只要不試圖強迫別人接受自己的生活方式，一個公正的政體便會包容各式各樣的道德與宗教生活。由政治自由主義引導的社會將會允許人民追求努斯鮑姆的能力清單，但不會強迫要求他們這樣做；社會正義必須做的是確保大家都有資源和機會發展努斯鮑姆的能力清單，而不是真的要求他們一定要去追求。相反地，亞里斯多德認為政體不只會確保大家都有機會實踐這些能力，還會確保大家真的都有做到，因為亞里斯多德說達到卓越的境界才能得到人類幸福，政治領導者有義務確保人民落實這些能力，而不要浪費生命在小確幸上。

亞里斯多德的政體屬於家長式治理，要求全民發展道德素養與智識素養，即使人民不想要也一樣。順著羅爾斯的想法，努斯鮑姆不接受亞里斯多德的家長式治理，但如果今天討論的是兒童，努斯鮑姆同意可以要求兒童發展重要的能力，如：義務教育。不過，作為羅爾斯自由派的信徒，努斯鮑姆反對政府擁有強迫成人的權利，不能去要求他們要保護自己的健康、發展自己的思考能力或是追求道德素養。因此，在努斯鮑姆的世界裡，社會可以非常地公平，人人都有機會發展他們的重要能力，但實際上卻沒有人做到。

瑪莎・努斯鮑姆的書籍和文章傳授了許多關於人類繁榮發展的知識，也說明了可能犯下的錯誤。第一，她完整地闡述了繁榮發展會反映出人類生命的身體、情緒、社會與理性等面向。第二，她警告我們人的生命免不了處於脆弱的狀態，所有的能力都可能因無能而蒙上陰影。正因為人類的幸福與尊嚴非常脆弱，所以十分難能可貴。

努斯鮑姆大聲疾呼：世界用財富來衡量人類發展，但就算是在十分富裕的社會裡，還是有許多人可能因為歧視、貧窮、殘疾或遭無視而無法實現基本的個人、社會或政治能力。全世界都在追求更高的「生活水準」，但就生態而言這樣或許無法永續。因此努斯鮑姆提出了另一種路線，將重心從物質豐饒轉向學習、愛與公民意識，認為這對人類幸福和地球而言都是比較好的一條路。

30

登山者
阿恩・奈斯

Arne Naess, 1912 ~ 2009

從小，阿恩・奈斯的夏日時光和假日都花在探索挪威卑爾根東部的群山，一直爬到過世為止。一九三〇年代晚期，二十多歲的奈斯在遙遠的山中棲地搭建了一座簡單的小屋，取名為崔佛蓋斯坦。那個地方實在偏遠，他騎馬騎了六十二趟才運完搭建所需的木材。那裡海拔高度一千五百公尺，是斯堪地那維亞位置最高的私人小屋，需要長途跋涉、雪靴行走或滑雪才能到達。奈斯以天地為家，講求全球行動主義，他進行研究、寫作，也教書，成年後大部分的時間都待在山上的世外桃源，探索當地的動物植物，閱讀柏拉圖、亞里斯多德、史賓諾沙（Spinoza）和甘地的著作。奈斯不希望在深愛的山林上和地球上留下太多足跡，所以他只吃蔬菜，只購買生活必需品，經常住在沒水沒電幾乎沒有暖氣的小屋裡。為什麼一位如此傑出的哲學家要遺世獨立，甚至是遠離人類社會呢？奈斯深深愛上了他在山上的棲身之所，這份愛引領他與所有生物共感，小至跳蚤，大至人類。他甚至想要將自己法律上正式的名字改成阿恩・崔佛蓋斯坦（Arne Tvergastein）。

我們往往在失去後才真正知道自己愛的是什麼。如果你記得的話，艾德蒙・伯克在法國大革命之後開創了保守政治思想。一七八九年的革命使得一切道德、宗教、社會與政治傳統都受到攻擊，因此才出現了「保守論者」。同樣地，工業革命危及到大自然及我們熟悉的鄉村景致之前，也未曾出現環保人士、生態學家或自然資源保護論者。政治保守派看到政治轉變過程中丟失的價值，自然資源保護論者也看到經濟轉變犧牲了自然棲地，兩者是同樣的道理。在哀悼因為現代商業、工業與科技而失去的議題上，沒有人比奈斯更能侃侃而談或是更具影響力了。有一次，他甚至將自己拴在瀑布邊，要阻止興建大壩。

奈斯最廣為人知的概念是「深層生態學」。對他來說，多數環保人士的目的都只是為了保障人類價值，減少汙染以保護人類健康，節約資源以免未來消耗殆盡，要保存一些荒野以供娛樂之用。奈斯說這些都是「淺層生態學」，除了自然對人類的好處外，這類環保人士忽略了自然本身的價值。深層生態學傳達的是所有活著的生物都有權利生存並茁壯，不只是人類。奈斯對人類的傲慢深感震驚，人類對待整體自然就像對待木柴堆一般，可以為了自己方便，就任意使用、破壞與浪費。

《聖經》裡寫道，上帝給了亞當主宰自然的權力。奈斯反對這種人類主宰的想法，甚至也反對人類管理自然世界的看法。說得好像人類知道怎麼去「管理」極其複雜的大自然一樣！奈斯認為，任何人類試圖去管理自然的重大舉動，只是顯示我們的傲慢無知，而且都會招致反噬。譬如說，許多大型水壩現在都需要調整或拆除，就是因為當初沒看到水壩帶來的生態災害，像是隨著工業化農業而來的是沙漠與沙塵暴一樣。奈斯希望人類做好地球的公民，而不是主人。

奈斯說，要當一位地球的好公民，要關心的不應該只是人類的利益，那樣就太狹隘了，同時也應該關切大自然整體的共同利益。這個共同利益是什麼呢？奈斯追隨十七世紀哲學家班尼迪克．史賓諾莎（Benedict Spinoza）的思想，主張大自然不過是上帝的另一種說法。與其將性靈或神聖的存在置於自然之外或是自然之上，奈斯相信神性就只是自然的另一個面向。史賓諾沙主張人類利益的最高形式就是對上帝的智識之愛，奈斯解釋說這意味著熱愛並欣賞生命的無限多樣性。史賓諾沙說每種生物，包含人類，都在努力存續，也在努力實現自己的能力。奈斯堅信，大自然的共同利益就是讓一切有生命的有機物都能成就自我實現。人類擁有獨特的自我實現能力，發揮到極致的時候可以讓我們思考大自然、擁抱大自然，而我們人類只是大自然的一小部分而已。奈斯說這代表若人類想要接近神的話，就不應該遠離大自然，而應該在自然中找尋我們真正的棲身之所。雖然人類總愛離開原本的家，航向新大陸，現在甚至想要前往別的星球，但奈斯深信，人類除非和大自然環境保持親密的連結，否則無法真正得到幸福。因此，奈斯反對現代全球化、世界主義和觀光旅遊，遑論太空旅行，他甚至很努力阻止挪威加入歐盟。很顯然地，他希望大家都追隨他的腳步，和自然建立一生親密的連結，棲身在特定的自然空間。

奈斯提出深層生態學理論，而且崇尚非人的自然環境，因此其他生態學家說他是神秘主義者、厭世者、法西斯主義分子，甚至是納粹分子，無視他曾英勇地反抗德國，阻止德國占領挪威。由於人類威脅到了純樸的自然，甚至也可能威脅到了地球未來的生活，因此部分「深層生態學家」確實很厭世、很不喜歡人類。這些人表示如果要保全自然的話，就需要更多疾病、戰爭和貧窮來減少人口數量。奈斯自己也同意，為了自然的共同利益，需要大量減少人類，差不多是一億人的規模。奈斯在成為生態學家前是甘地非暴力哲學的信徒，甘地接受毒蛇、蜘蛛與蠍子在自己的家裡活動，將非暴力擴及到整個大自然。同樣地，奈斯也反對使用任何暴力或強制的手段去保護大自然，他只希望透過自願的家庭計畫來減少人口。儘管奈斯的深層生態學造成了激進的影響，甚至是暴力的手段，還惹得一身惡評，但奈斯可說是積極分子裡最愛好和平的一位了。他從來沒有訴諸口語爭辯或霸凌，相反地，他總是希望尊重對手，尋求彼此的共同利益。見過他的人都同意奈斯體現了他想帶給世界的和平與善意。

年輕時，奈斯透過顯微鏡觀察一隻跳蚤跳進酸液裡，因而造成了內心的創傷。奈斯看到了跳蚤的恐懼與掙扎，也看到了折磨與死亡的痛苦，於是決定一生茹素。奈斯對受苦的跳蚤充滿同理心，這成了深層生態學的重要基礎。他並沒有要求人類犧牲自己的利益去幫助其他生物，只是希望大家能與其他生物共感，將「自我」擴及整個大自然。自我拓展後，保護自然成了啟蒙後的自我利益，而不是無私的自我犧牲。

雖然奈斯偶爾還是會使用權利和義務等詞彙，但他還是比較喜歡使用美和喜悅這類用語。確實，他有時會說萬物都有「生命權」，暗指我們有「義務」不殺他們。奈斯延伸伊曼努爾．康德著名的規範，也就是「絕對不要把人當作手段，而應該把人當作目的」，他將這段話擴及萬物。然而，奈斯基本上對任何倫理都不敢興趣，覺得那和道德說教的侵略行為相去不遠，他相信比起道德義務，對世界的認識更能驅動人類。如果我們覺得自己只是偌大生命網絡中的一小部分，如果我們認為自己處在自然之間而不是自然之上，如果我們學習欣賞原始生態系統的複雜與美麗，那我們就會因喜悅而主動去保護自然，不會是出於義務感。奈斯是甘地派的和平主義者，不太願意用道德壓人，更別說是拿法律或義務去勉強其他人。他喜歡拿自己當榜樣，教導大家在看到大大小小的生物時，都要溫柔以對，因此，奈斯的殺生原則一定有個但書，「除非是為了自己的生存，否則絕對不能殺害另一個生命」。因飢餓而殺生可以接受，但他譴責為娛樂而殺生。雖然奈斯反對將萬物劃分出明確的等級，但他下意識地認為人類級高一等。

奈斯常被描繪或詆毀為「神秘主義者」。他認為語言無法述盡我們對自然的原始「敬畏」，哲學論點更不能了。說到底，他是個精神思想家，認為在自然面前，必須先培養生態素養，才能建造人類奇景。奈斯汲取了史賓諾沙的泛神信仰、佛教與甘地的印度教，作為自己的自然精神，不過，他認為在許多宗教傳統裡都能找到對自然的合宜精神。

「大自然」這個詞在不同的思想中會引發不同的意象，就像「上帝」沒有統一的定義一樣。自然可以是一位養育兒女的母親、生命的循環、相互依存的關係；也可以是掙扎求生、獵捕與被獵、滅絕的循環。奈斯心中的大自然，其本質是相互共存和諧又和平的王國，如同《聖經》描繪的畫面「獅子與羔羊同臥」。他認為只有人類的世界是不自然的，我們傲慢自大，繁衍過剩，擁有毀滅性的智力，對自然和諧造成極大的威脅。在人類來臨並倒轉神性秩序之前，大自然是座天堂樂園。除非人類退回自己該待的位置，僅僅作為萬物中的一個物種，大自然才不會遭受破壞。

然而，從比較演化的角度來看，自然一點都不祥和，所有生物都為了生存而奮鬥，所有生物都繁衍了過多的後代，所有生物不是獵殺就是被殺。自然史充斥著飢餓、死亡、永不止息的掠食以及滅絕。由於某種偶然的基因突變，人類發展出智力與機敏這項獨特又強大的組合，所以成了食物鏈最頂端的掠奪者。順著這個邏輯，人類文化、科技以及都市化都是為了適應環境，維持生態優勢，好讓我們能主宰世界，征服其他所有生物。

人類是否曾經和自然和平共處呢？奈斯和其他生態學家表示，史前時代和當代以狩獵採集為生的人，就可以和自然共存。只不過，化石記錄則不是那麼一回事，譬如說，這些以狩獵採集為生的人到達美洲後，很快地就將冰河時期的大型哺乳動物獵殺殆盡。一直以來，限制人類「破壞力」（如果掠食就是如此的話）的只有人類自己的知識和能力。

卡爾·馬克思認為人類天生就會將世界改造成人類的產物，也就是人類的家。阿恩·奈斯則認為人類應該停止改變自然，轉而開始順應自然。我們天生就是地球的主人和擁有者嗎？還是我們天生就與其他動物無異，只是地球的居民呢？這些宗教與哲學的核心問題近期都不太可能會有答案。

我們應該如何解讀奈斯深層生態學與淺層生態學的差別呢？雖然奈斯反對用「以人類為中心」的角度看待自然（他稱為「淺層生態學」），但他享受與自然共處的喜悅、生態多樣性的喜悅、萬物欣欣向榮的喜悅、與在地生態和諧共存的喜悅，在在反映出他認為人類具有獨特的價值。換句話說，深層生態學和淺層生態學都理解自然與人類繁榮發展的關係，也都在評價這層關係。淺層生態學只有在自然滿足人類物質與短暫欲望時才會重視自然，而在深層生態學裡，自然滿足了人類精神與永恆的欲望，人類會思考自然的美麗與雄偉，讚嘆自然秩序裡智識的複雜程度，知道大自然神秘的禮物不是由人類所創造，我們因而保持謙卑的心。

結論

政治與哲學不愉快的結合

審視政治思想的歷史長河，不免會想到：究竟思想有沒有對真實的世界帶來任何改變。卡爾．馬克思認為答案是否定的，而他的觀點似乎挺有道理。政治活動遠遠早於用哲學思考政治，一般來說，人類都是先行動，再來思考行動的意義，而我們確實也主要是為了克服實際目標上的障礙才會開始思考。我們只有在沒有鑰匙可以開門時，才會去思考鎖的運作原理。或許哲學能幫助我們將試圖達成的目標看得更清楚，這裡借用的是亞里斯多德的射箭意象。藉由思考自由、平等和正義等抽象的概念，哲學家能幫助我們更專注地追求理想。不幸的是，哲學家彼此的想法並不一致，如果每位射箭教練要我們瞄準的是不同的靶心，那我們又怎麼能夠改善呢？或許都沒有老師在場，我們反而能做得更好。

而且還可能更糟，像尼采說的一樣，思考這件事可能會危及有效政治的運作，畢竟大膽的領導與果斷的行動需要把握與信心，哲學引領我們走上的是懷疑、反思與猶疑的道路。莎士比亞筆下的哈姆雷特（Hamlet）就是學習哲學的，或許可以解釋他那出了名舉棋不定的性格，對於他應該做的事情，哈姆雷特想得太多了，因此做任何事都有困難。如果哲學能讓政治變得更好，那就可以期待哲學家會是好的統治者。然而，除了柏拉圖，大多數的人都認為哲學家會是差勁的統治者，老是游移不定，甚至還會有其他更糟的表現（有時候真的是糟透了）。

我們應該這樣想哲學家：把他們當作有遠見的人或是先知，他們可以看到政治的未來，比起當前所處的位置，他們更在意我們應該往哪裡前進。這樣看來，他們就和其他偉大的發明家一樣，如李奧納多．達文西，他在真的出現可行的工具之前，就已經想像出飛機和潛水艇了。或許我們偉大的政治思想家都十分有遠見，有能力想像出新的政治型態，只是如果真的能實踐的話，可能都還要再等上好一陣子。譬如說，孔子建議皇帝在決定公共政策之前，應該先傾聽文學學者的想法。你瞧瞧，幾個世紀以後，中國真的建立了一套公務員考選系統的科舉制度，讓文人可以當官。柏拉圖想像的共產主義啟發了馬克思、列寧和毛澤東；柏拉圖提議消除核心家庭，啟發了以色列的集體農場奇布茲，而且持續影響著今日走在前端的部分女性主義人士。阿爾．法拉比心中的伊瑪目就是哲學家，如同邁蒙尼德想像中的哲學家是拉比一樣。

有些政治思想確實預言了一些事。在義大利依舊四分五裂成數個王國和共和國時，馬基維利在一五一三年就發出了統一的呼籲，而義大利後來花了三百五十年的時間才終於統一；歐洲數百個世襲君主彼此交戰之際，康德就預示了這塊大陸將出現憲政共和國，停止干戈——這可是在歐盟建立的一百五十年前；盧梭早在法國暴力推翻舊政權二十五年前就看到了「革命時代」即將到來，而這場革命也確實影響了整個歐洲歷史的走向；羅伯斯比和拿破崙執政前好幾年，伯克早就預料到會出現恐怖統治和軍人獨裁；當世界還是由英法主宰時，托克維爾就知道有一天全球將分為美蘇兩大陣營，而冷戰也確實證實了這個預測。

有些政治思想沒那麼具有預言性，例如眾所周知，馬克思預言資本主義「終將」分解；今天的人也不太可能認為麥迪遜十八世紀協助制訂的美國憲法是個完美的框架，適合大型複雜的工業和後工業社會；康德當年「永恆的和平」現在都還看不到蹤影；潘恩堅信君主制一定會走向專制，但加拿大、澳洲、紐西蘭和北歐的君主立憲政體展現出和平與民主的氣息，建立的社會都比美國還要平等，而潘恩當時可是視美國為人類進步的指路明燈。

有些政治哲學家的想法太過黑暗，我們只能希望不要一語成讖。盧梭、托克維爾、尼采和鄂蘭都很擔心未來的人會活得太過安逸，只顧著享受先進工業民主社會安全舒適的生活，很可能會為了大型娛樂和購物的短暫歡樂欣然交換得來不易的政治自由。或許在全球化的世界裡，私人消費當道，社會由關係環環相扣的菁英把持，無人監管，政治本身就成為了過時的東西；又或者，奈斯的夢魘會成真，人類貪婪和暴力地剝削自然，毀滅地球，最終人類將被迫流亡宇宙，去殖民其他星球。

儘管有些跡象已經證明了想像新型態政治（有正面也有負面）確實有預言的效果，但政治哲學關注未來的程度就和關注過去的程度一樣多，甚至有許多看起來十分創新的面向其實也只是借鏡歷史而已。孔子在建議霸主要找文人擔任顧問時，也是在仿效偉大「賢君」時代的做法；柏拉圖激進的共產主義似乎也是受到古埃及種姓制度區分祭司、戰士與工人的影響；奧古斯丁、阿爾．法拉比以及邁蒙尼德都回過頭去看古時《聖經》中對政府模型的描繪；阿奎那參考的則是摩西和亞里斯多德；鄂蘭堅持現代公民在公共論述上應該要秉持古代雅典人的勇氣；馬基維利夢想看到義大利統一，其實就是希望重建古羅馬的偉大。

部分政治哲學家則試圖完全擺脫過去的影響，但其實他們思想中的歷史痕跡清晰可見。霍布斯、洛克、盧梭、康德與羅爾斯都進行了思想實驗，認為政治前期的人類都會同意一套完全理性的權利。他們有興趣的不是實際上握有哪些權利，而是人類在完全理性公正的社會裡應該享有哪些權利。然而，在這些「理性」本該要求的權利身上，還是能看到英國隨著時間一點一滴對抗王權取得的普通法自由，其實是可以追溯至一二一五年的《大憲章》。政治哲學家設計的純粹「理性」權利經常是修改英國人從過去繼承的權利，然後將它們變得更加普及。從這樣的角度來看，美國革命看起來就比較不像是揮別過去，反而更像是英國堅持美國殖民地也尊重傳統英國的自由權利。這些哲學家想要用理性與歷史切割，但往往只是在重演歷史。

將政治與哲學擺在一起，彼此永遠都會坐立難安，畢竟它們追尋的是不同的事物，有時這些事物還水火不容，這也是為什麼許多哲學家往往會因為他們的政治理念而遭受迫害。這個問題在西方文明萌芽之時就出現了，古代雅典市民處決了偉大的哲學家蘇格拉底，指控他用激進的思想汙染城市裡的年輕人；馬基維利、潘恩、甘地以及庫特布都曾鋃鐺入獄；孔子、亞里斯多德、邁蒙尼德、霍布斯、洛克、盧梭、馬克思與鄂蘭都曾不見容當道。西方一直要到比較近代以後，公開談論或書寫政治才變得比較有保障一點。這種自由得來不易，是重要的現代成就，但保障依舊不是很穩定，還是有許多敵人在虎視眈眈。

思想家的思想有時也會危害政治。古代雅典人指控蘇格拉底有其原因，認為他十分粗率，對城市有害，為了自己能追求真理，而將城市的利益往後擺。思想可能會導致一意孤行的結果，造成實質的危害。去預測這些思想進入真實世界的自然發展通常很難，甚至不可能做到，譬如說，盧梭的政治素養理論啟發了激進的雅各賓派，他們利用這些理論合理化恐怖統治，打擊他們眼中反對法國大革命的人；俄羅斯的列寧和中國的毛澤東仰賴大規模暴力和強迫手段維持建立的政權時，都宣稱是依照馬克思的思想行動；納粹也試圖引用尼采來支持他們不人道的政策。一直以來，柏拉圖、馬克思與盧梭都因助長了極權主義而遭到譴責。

哲學與政治微妙的關係讓人聯想到了豪豬的預言故事，牠們因為想取暖而靠近彼此，但又因為身上的尖刺而遠離對方。牠們需要彼此，但又無法忍受對方；牠們可以讓彼此更舒適，但同時又會讓對方痛苦。政治和哲學就像豪豬群，相互依存又相互傷害。而最後，豪豬決定靠得很近，但還是要保持距離。少一點溫暖，也代表少一點刺痛，而想要完全不痛就可能會受凍而死。

即使政治和哲學對彼此帶來風險，但它們離不開對方，以平衡來說，這是件好事。沒有政治體制是完全缺乏思想的，哲學勢必會對政治進行反思，這就像不可能不思考是一樣的道理。就本質上而言，哲學無法存在於遠離真實世界、超脫世俗的地方，如果哲學要能繼續發展，便只能待在政治體制裡，保有最低限度的和平與穩定，才會對反思有益。如同霍布斯寫的：「休閒是哲學之母，政治實體則是和平與休閒之母。哪裡先有偉大繁榮的城市，哪裡就先有哲學研究。」如果霍布斯是對的，政治是哲學的先決條件，那哲學就必須研究政治，才能存續。或許正因為如此蘇格拉底在處決前才會反對逃獄，他富有的朋友克里托（Crito）提議安排逃獄計畫，即使蘇格拉底即將要因為法律遭受死刑，他還是基於對法律的尊重而拒絕了。在蘇格拉底被判死刑的審判中，他努力捍衛哲學，認為這是對國家有益的必要存在。哲學會質疑政治視為理所當然的事物，不只是為了能更深入地瞭解，還為了想要進一步改善，於是哲學家經常會想像新的政治理想、制度、正義原則，以及生活型態。如果沒有哲學，政治就真的只會是一攤泥沼。

哲人經典，延伸閱讀

在此列出書中人物最重要的作品名稱。表列的版本，都是作者精選的最佳當代英文譯本，便利讀者理解古代或中古時期的作品。近代與當代的作品，則標示出該書首度出版的年份。

古代

孔子 Confucius

The Analects , translated by D. C. Lau (Penguin Classics, 1979)《論語》，劉殿爵譯

Mencius , translated by D. C. Lau (Penguin Classics, 2005)《孟子》，劉殿爵譯

柏拉圖 Plato

The Trial and Death of Socrates , translated by G. M. A. Grube (Hackett, 2000)

Republic , translated by C. D. C. Reeve (Hackett, 2004)

Statesman , translated by Eva Brann et al. (Focus Philosophical Library, 2012)

The Laws , translated by Trevor Saunders (Penguin Classics, 2004)

亞里斯多德 Aristotle

Nicomachean Ethics, translated by Terrence Irwin (Hackett, 1999)

Politics , translated by C. D. C. Reeve (Hackett, 2017)

奧古斯丁 Augustine

Political Writings , translated by Michael Tkacz and Douglas Kries (Hackett, 1994)

City of God , edited and abridged by Vernon Bourke (Image Books, 1958)

中古時期

阿爾・法拉比 Al-Farabi

Medieval Political Philosophy: A Sourcebook, edited by Joshua Parens and Joseph Macfarland (Cornell University Press, 2011)

The Philosophy of Plato and Aristotle , translated by Muhsin Mahdi (Cornell University Press, 2001)

麥蒙尼德 Maimonides

Medieval Political Philosophy: A Sourcebook , edited by Joshua Parens and Joseph Macfarland (Cornell University Press, 2011)

The Guide of the Perplexed , edited and abridged by Julius Guttmann (Hackett, 1995)

湯瑪斯・阿奎那 Thomas Aquinas

On Law, Morality, and Politics, translated by Richard Regan (Hackett, 2002)

St. Th omas Aquinas on Politics and Ethics , translated by Paul Sigmund (Norton, 1988)

近代

尼可羅・馬基維利 Niccolo Machiavelli

The Discourses on Livy (1531)
The Prince (1532)
Maurizio Viroli, *Niccol o's Smile: A Biography of Machiavelli* (2000)

湯瑪斯・霍布斯 Thomas Hobbes

De Cive ('On the Citizen') (1642)
The Elements of Law (1650)
Leviathan (1651)
Behemoth (1679)
A. P. Martinich, Hobbes: A Biography (1999)

約翰・洛克 John Locke

Second Treatise of Government (1689)
A Letter Concerning Toleration (1689)
Maurice Cranston, *John Locke: A Biography* (1957)

大衛・休謨 David Hume

A Treatise of Human Nature (1738~40)
Essays, Moral and Political (1741)
An Enquiry Concerning the Principles of Morals (1751)
The History of England (1754~61)
Dialogues Concerning Natural Religion (1779)
Roderick Graham, *The Great Infidel: A Life of David Hume* (2004)

尚・雅克・盧梭 Jean-Jacques Rousseau

A Discourse on the Origins of Inequality (1755)
The Social Contract (1762)
Leo Damrosch, *Jean-Jacques Rousseau: Restless Genius* (2005)

艾德蒙・伯克 Edmund Burke

Reflections on the Revolution in France (1790)
An Appeal From the New to the Old Whigs (1791)
Letters on a Regicide Peace (1795~7)
Conor Cruise O'Brien, *The Great Melody: A Thematic Biography of Edmund Burke* (1992)

瑪麗・吳爾史東克拉芙特 Mary Wollstonecraft

A Vindication of the Rights of Men (1790)
A Vindication of the Rights of Woman (1792)
Janet Todd, *Mary Wollstonecraft : A Revolutionary Life* (2000)

伊曼努爾・康德 Immanuel Kant

An Answer to the Question: "What is Enlightenment"? (1784)
Groundwork of the Metaphysics of Morals (1785)
Perpetual Peace: A Philosophical Sketch (1795)
The Metaphysics of Morals (1797)
Manfred Kuehn, *Kant: A Biography* (2001)

湯瑪斯・潘恩 Thomas Paine

Common Sense (1776)
The Rights of Man (1791~2)
The Age of Reason (1794~1796)
Agrarian Justice (1797)
John Keane, *Tom Paine: A Political Life* (1995)

G・W・F・黑格爾 G. W. F. Hegel

Philosophy of Mind (1817)
Elements of the Philosophy of Right (1820)
Terry Pinkard, *Hegel: A Biography* (2001)

詹姆斯・麥迪遜 James Madison

The Federalist Papers , especially numbers 10 and 51 (1788)
Memorial and Remonstrance against Religious Assessments (1785)
Noah Feldman, *The Three Lives of James Madison: Genius, Partisan, and President* (2017)

阿勒克西・德・托克維爾 Alexis de Tocqueville

Democracy in America (1840)
The Old Regime and the French Revolution (1856)
Andre Jardin, *Alexis de Tocqueville: A Biography* (1984)

約翰・史都華・彌爾 John Stuart Mill

On Liberty (1859)
Considerations on Representative Government (1861)
Utilitarianism (1863)
The Subjection of Women (1869)
Richard Reeves, *John Stuart Mill: Victorian Firebrand* (2007)

卡爾・馬克思 Karl Marx

The Manifesto of the Communist Party (1848)
The Eighteenth Brumaire of Louis Napoleon (1852)
The Civil War in France (1871)
Critique of the Gotha Programme (1875)
Capital , 3 volumes (1867~94)
The German Ideology (1932)
Francis Wheen, *Karl Marx* (1999)

弗里德里希・尼采 Friedrich Nietzsche

Thus Spoke Zarathustra (1883)
On the Genealogy of Morality (1887)
The Will to Power (1901)
Julian Young, *Friedrich Nietzsche: A Philosophical Biography* (2010)

當代

聖雄甘地 Mohandas Gandhi

Non-Violent Resistance (Satyagraha) (1951)
Autobiography (1927)
Ved Mehta, *Mahatma Gandhi and His Apostles* (1976)

賽義德・庫特布 Sayyid Qutb

The Sayyid Qutb Reader, edited by Albert Bergesen (2008)
Social Justice in Islam (1949)
Milestones (1964)
James Toth, *Sayyid Qutb: Th e Life and Legacy of a Radical Islamic Intellectual* (2013)

漢娜・鄂蘭 Hannah Arendt

Th e Origins of Totalitarianism (1951)
Th e Human Condition (1958)
Eichmann in Jerusalem (1963)
Anne Conover Heller, *Hannah Arendt: A Life in Dark Times* (2015)

毛澤東 Mao Zedong

On Contradiction (1937)
Quotations from Chairman Mao Tse-Tung (the 'Little Red Book' 毛主席語錄，紅寶書) (1964)
Philip Short, *Mao: A Life* (1999)

弗雷德里希・海耶克 Friedrich Hayek

The Road to Serfdom (1944)
Law, Legislation, and Liberty (1973)
The Fatal Conceit (1988)
Alan Ebenstein, *Friedrich Hayek: A Biography* (2001)

約翰・羅爾斯 John Rawls

A Theory of Justice (1971)
Political Liberalism (1993)
Justice as Fairness: A Restatement (2001)
Thomas Pogge, *John Rawls* (2007), chapter 1

瑪莎・努斯鮑姆 Martha Nussbaum

The Fragility of Goodness (1986)
Creating Capabilities: The Human Development Approach (2011)

阿恩・奈斯 Arne Naess

Ecology of Wisdom: Writings of Arne Naess (2008)
Life's Philosophy: Reason and Feeling in a Deeper World (2002)

思想家年代表

孔子（Confucius）	西元前 551~479
柏拉圖（Plato）	約 428~ 約 347
亞里斯多德（Aristotle）	384~322
奧古斯丁（Augustine）	西元 354~430
阿爾・法拉比（Al-Farabi）	約 872~ 約 950
邁蒙尼德（Maimonides）	1135 或 1138~1204
湯瑪斯・阿奎那（Thomas Aquinas）	1225~1274
尼可羅・馬基維利（Niccolò Machiavelli）	1469~1527
湯瑪斯・霍布斯（Thomas Hobbes）	1588~1679
約翰・洛克（John Locke）	1632~1704
大衛・休謨（David Hume）	1711~1776
尚・雅克・盧梭（Jean-Jacques Rousseau）	1712~1778
艾德蒙・伯克（Edmund Burke）	1729~1797
瑪麗・吳爾史東克拉芙特（Mary Wollstonecraft）	1759~1797
伊曼努爾・康德（Immanuel Kant）	1724~1804
湯瑪斯・潘恩（Thomas Paine）	1737~1809
G・W・F・黑格爾（G.W. F. Hegel）	1770~1831
詹姆斯・麥迪遜（James Madison）	1751~1836
阿勒克西・德・托克維爾（Alexis de Tocqueville）	1805~1859
約翰・史都華・彌爾（John Stuart Mill）	1806~1873
卡爾・馬克思（Karl Marx）	1818~1883
弗里德里希・尼采（Friedrich Nietzsche）	1844~1900
聖雄甘地（Mohandas Gandhi）	1869~1948
賽義德・庫特布（Sayyid Qutb）	1906~1966
漢娜・鄂蘭（Hannah Arendt）	1906~1975
毛澤東（Mao Zedong）	1893~1976
弗雷德里希・海耶克（Friedrich Hayek）	1899~1992
約翰・羅爾斯（John Rawls）	1921~2002
瑪莎・努斯鮑姆（Martha Nussbaum）	1947~
阿恩・奈斯（Arne Naess）	1912~2009

改變世界的政治哲學思考：
人類偉大思潮 30 傑

HOW TO THINK POLITICALLY:
Sages, Scholars and Statesmen Whose Ideas Have Shaped the World

作者　葛瑞姆・杰拉德 Graeme Garrard
　　　詹姆斯・伯納・默菲 James Bernard Murphy
譯者　陳映廷
行銷企畫　劉妍伶
執行編輯　陳希林
封面設計　陳文德
版面構成　綠貝殼資訊有限公司

發行人　王榮文
出版發行　遠流出版事業股份有限公司
地址　臺北市中山北路一段 11 號 13 樓
客服電話　886-2-2571-0297
傳真　886-2-2571-0197
郵撥　0189456-1
著作權顧問　蕭雄淋律師
2021 年 05 月 01 日 初版一刷
定價新台幣 450 元

ISBN 978-957-32-9065-0
遠流博識網 http://www.ylib.com E-mail: ylib@ylib.com
（如有缺頁或破損，請寄回更換）

遠流出版公司

國家圖書館出版品預行編目（CIP）資料

改變世界的政治哲學思考：人類偉大思潮 30 傑／葛瑞姆・杰拉德（Graeme Garrard）、詹姆斯・伯納・默菲（James Bernard Murphy）著；陳映廷譯 . -- 初版 . -- 臺北市：遠流出版事業股份有限公司，2021.05
384 面；14.8×21 公分
譯自：How to think politically : sages, scholars and statesmen whose ideas have shaped the world
ISBN 978-957-32-9065-0（平裝）
1. 世界傳記　2. 政治思想
781　　110004600